하나님의
임재
안으로
들어가기

하나님의 임재 안으로 들어가기

ENTERING THE PRESENCE OF GOD

데릭 프린스 지음 | 황의정 옮김

ENTERING THE PRESENCE OF GOD

목차

6 서문

Chapter 1	하나님의 임재 안에서의 자세	9
Chapter 2	우리의 합당한 반응	29
Chapter 3	영과 진리로	41
Chapter 4	육: 물과 피로 정결하게 되다	51
Chapter 5	혼: 예배에 이르는 감성적 접근	65
Chapter 6	영: 지성소에 이르는 길	83
Chapter 7	새 언약의 네 가지 복	99
Chapter 8	참된 예배자의 네 가지 조건	119
Chapter 9	예배자의 자세	137
Chapter 10	예배의 필연성	157
Chapter 11	보좌 앞에서의 예배	167

서문

　1970년대 후반에 시작해서 1990년대에 이르기까지 교회의 역사를 새롭게 쓰는 매우 특별한 일이 일어났다. 당시 찬양과 경배의 혁명이 전 세계 그리스도의 몸을 휩쓸었는데, 마라나타 레코드와 인티그리티 호산나 뮤직(현대 찬양 예배의 시작과 대중화를 선도한 음반회사들 - 역자 주), 힐송은 어느새 우리에게 익숙한 이름이 되었다.

　그리스도인들은 먼지 묻은 찬송가를 뒤로하고 하늘을 향해 손을 들고 목소리를 높였다. 새로운 시편 기자들이 일어나 하나님께 올려드리는 새롭고 신선한 찬양들이 유행했다. 이것은 영적인 부흥기에 꽃을 피운 집단적인 예배가 아니었다. 조용히 묵상하는 시간은 급격하게 줄어드는 대신, 개인적으로 드리는 찬양의 능력을 경험하게 되면서 그리스도인들은 보다 활력이 넘치게 되었다.

　이 혁명에는 선구자가 있었다. 1960-1970년대에 세계적인 은사갱신

운동이 일어났는데, 이것은 성령의 인격과 사역을 교회 안에 온전히 회복시킨 운동이었다. 성령께서 역사하시면 그분은 언제나 사람들을 치유하시고, 성부 하나님의 새롭게 하시는 임재 안으로 인도하셨다. 이 역사적인 은사주의 운동의 중심에 데릭 프린스가 있었다.

만일 데릭 프린스에 대해 잘 모른다면, 그가 20세기의 가장 위대한 기독교 사상가 중 한 사람이었다는 것을 기억하기 바란다. C. S. 루이스와 동시대 인물로, 영국의 유수한 대학인 캠브리지에서 교육받은 데릭 프린스는 2003년 가을에 그가 사랑하던 예루살렘에서 소천하였다. 당시 그의 나이는 83세였다.

이 책을 읽으면서 당신은 놀라운 지성을 지닌 그의 가르침이 추상적이거나 지루하지 않다는 것을 알게 될 것이다. 그는 철학자의 마음을 가지고 있었지만, 하나님은 그에게 자유로운 시인의 영혼을 주셨다. 당신은 데릭 프린스의 가르침이 영감이 넘치고 고무적이며, 실질적이고 계몽적이며, 이해하거나 적용하기 쉽다는 것을 알게 될 것이다. 특별히 예배와 하나님과의 교제에 관한 주제에 있어서 더욱 그렇다.

그는 1980년대에 전 세계로 전파되는 라디오 방송에서 다음과 같이 말했다.

저는 전 세계의 수많은 나라들을 다니며 사역하면서 하나님의 영이 운행하시고, 성령의 은사가 나타나는 현장을 목도하였습니다. 그러나 그 가운데 하나님께 진실하고 순결하며 기름부음이 넘치는 찬양을 올려 드리는 곳은 몇 군데밖에 없었습니다. 이러한 영적인 예배 가운데 하나님께 나아오면, 우리는 그분과의 교제로 들어가게 됩니다. 그리고 예배와 교제를 통해 계시를 받게 됩니다. 나는 하나님으로부터 무언가를 받기 위해 이것을 가르치는 것은 아닙니다. 하지만, 하나님이 받으시는 찬양과 예배 가운데 그분께 나아가면, 진정 그분이 우리를 위해 하실 수 있는 일에는 제한이 없습니다.

데릭 프린스는 심오한 통찰과 성경의 진리로 당신이 하나님의 거룩한 임재에 이르도록 효율적으로 도와줄 수 있는 훈련된 사람이다. 당신은 이 책을 통해 예배의 더 깊은 차원을 탐구하며 '지성소에서' 하나님과의 친밀함과 능력을 부여받게 될 것이다. 그곳이 얼마나 놀라운 곳인지 직접 경험해 보라.

— 데릭 프린스 미니스트리

Chapter 1

하나님의 임재 안에서의 자세

Chapter 1 하나님의 임재 안에서의 자세

　예배는 성경의 주요 주제 중 하나로, 그리스도인들의 삶에서 특별히 중요하다. 그러나 대부분의 그리스도인들은 예배의 본질에 대해 정확하게 이해하지 못하고 있다. 교회에 출석하는 대부분의 사람들이 말하는 예배는 주일 예배를 지칭하는 것이다. 그들은 성가대 합창과 그날 부르기로 정해진 찬송가를 일어서서 부르는 것이 예배라고 생각한다. 그러나 이것이 평균적인 그리스도인들이 예배에 대해 가지고 있는 생각이라면, 그들은 아직 예배를 시작도 하지 않은 것이다.
　이 책에서 우리는 이런 행위와 행동을 넘어 실제로 예배가 일어나는 곳, 즉 마음속까지 점검할 것이다. 먼저 찬양, 감사, 예배의 개념을 정의하고, 우리의 예배를 방해하는 것이 무엇인지 확인할 것이다. 그리고 우리가 하나님의 음성을 들을 수 있고, 그분의 팔에 안겨 안식할 수 있는 하나님의 임재 속으로 들어가는 과정을 설명할 것이다.

우리의 제물

하나님은 우리가 그분의 임재 안으로 들어갈 때에 언제나 다양한 예물과 희생제물을 가져올 것을 요구하신다. 여기에는 돈과 물질적인 소유가 포함되지만, 그것에만 국한되지는 않는다. 성경은 보다 높은 차원에서 하나님께 드릴 영적인 예물 또는 희생제물에 대해 말한다. 이 예물들은 바로 감사와 찬양과 예배이다.

우리는 종종 이 용어들을 상호 교차적으로 사용하는데, 이것은 무지개에 비유할 수 있다. 무지개의 색은 분명 서로 다르지만, 경계에 두 가지 색이 섞여 있어서 분명하게 구분하는 선이 없다. 이와 같이 감사와 찬양과 예배는 분명히 서로 구분되면서도 자연스럽게 뒤섞인다. 나는 이것들을 다음과 같이 구분한다.

- 감사는 하나님의 선하심과 관련이 있다.
- 찬양은 하나님의 위대하심과 관련이 있다.
- 예배는 하나님의 거룩하심과 관련이 있다.

거룩은 하나님의 속성으로, 인간의 이성으로 이해하기 가장 어려운 것이다. 왜냐하면 이 땅에는 이에 상응하는 것이 없기 때문이다. 우리는 하나님의 지혜에 관하여 말할 수 있다. 왜냐하면 우리가 지혜로운 사람을 알고 있기 때문이다. 그리고 위대한 사람들을 알기 때문에 하나님의 위대하심을 말할 수 있다. 또한 놀라운 능력을 보여 주는 사람들을 알기 때문에 하나님의 능력에 대해서도 말할 수 있다. 그러나 하나님 외에는 이 땅에 거룩의 예가 없다. 거룩은 하나님께나 하나님으로부터 그것을 받은 사람들에게나 매우 특별한 것이다.

나는 예배가 하나님의 거룩함에 직접적으로 연관된다고 믿는다. 하나님의 거룩을 이해하기 어렵기 때문에 그것을 온전히 이해하기도 어렵고, 예배에 들어가기도 어렵다.

그러므로 예배는 이 세 가지 예물 또는 희생제사 중 하나님이 받으시기에 합당한 방법으로 드리기 가장 어려운 것이다. 감사와 찬양은 주로 입으로 소리를 내는 것이지만, 예배는 태도라고 할 수 있다. 이 세 가지가 하나님께 드리는 예물이 되기 위해서는 먼저 이것들을 정확하게 이해해야 한다.

찬양

찬양은 성경의 시작부터 끝까지 전체적으로 흐르는 황금실과 같다. 찬양은 영원하다. 찬양은 천국에서 시작되었고, 그곳에 영원히 거하는 모든 영광스러운 존재들이 쉬지 않고 하는 일이다. 이들은 하나님께 아무런 방해 없이 기쁘게 나아간다.

찬양은 이 땅이 시작될 때부터 있었다. 욥기 38장에서 하나님은 다음과 같은 질문으로 욥에게 도전하셨다.

> 내가 땅의 기초를 놓을 때에 네가 어디 있었느냐 … 그 때에 새벽 별들이 기뻐 노래하며 하나님의 아들들이 다 기뻐 소리를 질렀느니라 욥 38:4, 7

얼마나 아름다운 시작인가! 이 땅이 처음 시작될 때 나온 것이 바로 찬양이었다. 천지가 더 이상 존재하지 않을 때까지 찬양이 지속되게 하는 것은 지구상에 존재하는 하나님의 백성들의 의무이다.

찬양은 보좌에 앉으신 왕이신 하나님께 나아가는 적절한 방법이다.

> 이스라엘의 찬송 중에 계시는 주여 주는 거룩하시니이다 시 22:3

찬양이 감사로 이어질 때, 우리는 하나님께 나아가게 된다. 다음의 구절에서 이것을 볼 수 있다.

> 감사함으로 그의 문에 들어가며 찬송함으로 그의 궁정에 들어가서 그에게 감사하며 그의 이름을 송축할지어다 시 100:4

여기에 두 단계의 접근이 있다. 하나님의 문을 통해, 그리고 하나님의 궁정을 통해서다. 시인은 문을 통해 들어가게 하는 것은 감사이지만, 우리를 궁정으로 인도하는 것은 찬양이라고 말한다. 이것은 이사야서에서도 볼 수 있다.

> 다시는 강포한 일이 네 땅에 들리지 않을 것이요 황폐와 파멸이 네 국경 안에 다시 없을 것이며 네가 네 성벽을 구원이라, 네 성문을 찬송이라 부를 것이라 사 60:18

하나님은 완전한 평화와 고요함 가운데 거하신다. 거기에는 폭력(강포)과 파멸이 없을 뿐 아니라 폭력과 파멸의 소리도 들리지 않는다. 그런데 거기에 접근하는 방법을 주목하라. 모든 문은 찬양이다. 다시 말해서, 하나님의 임재와 그분이 거하시는 곳에 들어가는 유일한 길은 찬양이다. 찬양이 없이는 성전의 바깥뜰에 들어갈 수 없다.

감사

히브리서 12장 28절을 보자. 이 구절이 우리말 성경이나 뉴킹제임스성경에는 "은혜를 받자"로 번역되었는데, NIV성경에는 "감사를 드리자"Let us be thankful로 번역되었다.

> 그러므로 우리가 흔들리지 않는 나라를 받았은즉 은혜를 받자 이로 말미암아 경건함과 두려움으로 하나님을 기쁘시게 섬길지니 히 12:28

사실, 이 번역은 모두 맞다. 헬라어에서 "은혜를 받자"(은혜charis가 핵심단어다)라는 말은 "감사합니다"Thank You와 같은 말이다. 은혜와 감사 사이에는 직접적인 관련이 있다. 감사하지 못하는 사람은 하나님의 은혜 밖에 있는 사람이다. 하나님의 은혜 안에 있으면서 감사하지 않는다는 것은 불가능한 일이다.

세계의 3대 로맨스어는 라틴어에 기초하는데, 은혜와 감사는 늘 직접적인 관련이 있다. 프랑스어에서 'grace a Dieu'는 '하나님께 감사'라는 뜻이다. 이탈리아로 '감사합니다'는 'grazie'이고, 스페인어로는 'gracias'이다. 이처럼 감사는 하나님의 은혜로부터 분리될 수 없다. 식사기도 할 때 영어로 "Let's say grace!"라고 하는데, 이는 "감사기도를 드립시다!"라는 말이다.

시편 95편에는 예배로 들어가는 과정이 아름답게 묘사되어 있다. 이 구절은 즐거운 찬양으로 시작하는데, 이것은 일부 교회에서는 허용되지 않는 매우 큰 소리로 드리는 찬양이다.

> 오라 우리가 여호와께 노래하며 우리의 구원의 반석을 향하여 즐거이 외치자 시 95:1

여기서 '외치자'라는 말은 '고함치다'라는 뜻이다. 나는 이것을 좋아한다. 하나님께서 받으시기에 합당하지 않은 것이 있다면, 그것은 건성으로 부르는 찬양일 것이다. 성경은 "여호와는 위대하시니 크게 찬양할 것이라"(시 145:3)라고 한다. 크게 찬양할 준비가 되어 있지 않다면, 차라리 하지 말라.

> 우리가 감사함으로 그 앞에 나아가며 시를 지어 즐거이 그를 노래하자
> 시 95:2

여기서 다시 감사와 찬양의 2단계 접근을 주목해 보라. 3절은 우리가 왜 하나님께 찬양하고 감사해야 하는지 그 이유를 말한다. 성경은 매우 논리적이어서 단순하게 하나님께 감사하고 찬양하라고 하지 않는다. 성경은 우리에게 그 이유를 말해 준다.

> 여호와는 크신 하나님이시요 모든 신들보다 크신 왕이시기 때문이로다
> 시 95:3

하나님의 위대하심 때문에 그분을 찬양한다고 한 것을 기억하라. 그래서 이 구절에서 '크신'이란 단어가 두 번이나 쓰인 것이다. 여호와는 위대하신 하나님이시며, 모든 신들 위에 뛰어난 위대한 왕이시다. 우리는 하나님의 위대하심을 크고, 즐겁고, 기쁘게 찬양함으로 나타낸다. 그다음에 우리는 하나님을 위대한 창조주로 고백한다.

> 땅의 깊은 곳이 그의 손 안에 있으며 산들의 높은 곳도 그의 것이로다 바다도 그의 것이라 그가 만드셨고 육지도 그의 손이 지으셨도다 시 95:4-5

우리는 하나님의 놀라운 창조로 인해 감사하고 찬양하며 그분께 나아온다. 이것이 유일한 접근 방법이다. 6절에서 우리는 예배하러 나온다. 찬양과 감사는 예배로 들어가는 길이다. 그다음에는 예배하러 나온 우리의 태도를 보여 준다.

오라 우리가 굽혀 경배하며 우리를 지으신 여호와 앞에 무릎을 꿇자 시 95:6

여기에서 우리는 말로 하는 단계에서 태도로 바뀐다. 우리는 찬양과 감사로 시작하지만, 그것이 끝이 아니다. 그리스도인들이 찬양과 감사로 마친다면, 진정한 목적을 망각한 것이다. 참된 예배는 말이 아니라 태도이다.

예배

우리가 하나님의 거룩함을 접하거나 인식하거나 그에 대한 계시를 받을 때, 가장 적절한 반응은 오직 한 가지다. 그것은 바로 예배이다. 이와 같은 계시가 없으면, 우리는 참된 예배를 드릴 수 없다. 우리는 찬양을 드릴 수는 있다. 그러나 하나님의 거룩함에 대한 계시가 임할 때까지는 예배에 들어가지 못한다. 하나님의 거룩함은 설명될 수 없고, 정의될 수도 없으며, 오직 계시될 뿐이다.

이것이 매우 중요한 이유는 많은 그리스도인들이 거룩을 어디를 가고, 무엇을 하고, 어떻게 말하고, 무슨 옷을 입을지에 대한 일련의 규칙들이라고 생각하기 때문이다. 그러나 그것은 거룩과 아무런 상관이 없다. 바울은 골로새서에서 다음과 같이 말한다.

> 너희가 세상의 초등학문에서 그리스도와 함께 죽었거든 어찌하여 세상에 사는 것과 같이 규례에 순종하느냐 (곧 붙잡지도 말고 맛보지도 말고 만지지도 말라 하는 것이니 이 모든 것은 한때 쓰이고는 없어지리라) 사람의 명령과 가르침을 따르느냐 이런 것들은 자의적 숭배와 겸손과 몸을 괴롭게 하는 데는 지혜 있는 모양이나 오직 육체 따르는 것을 금하는 데는 조금도 유익이 없느니라 골 2:20-23

이것은 매우 심오한 진리이다. 당신이 하지 말아야 하는 것에 집중할수록 그것은 더 강하게 당신을 압박한다. 당신이 스스로 "화내지 말자. 어떤 일이 있어도 화내지 말자"라고 할수록 결국 하게 되는 것은 무엇인가? 화내는 것이다. 왜냐하면 당신이 잘못된 것에 집중하기 때문이다. 수많은 사람들이 거룩에 대해 아무것도 하지 않기로 결정한 것은 당연한 일이다.

히브리서 12장은 하나님께서 대부분의 아버지가 자기 자녀에게 하듯 행하시는 훈련에 대해 말한다.

> 그들은 잠시 자기의 뜻대로 우리를 징계하였거니와 오직 하나님은 우리

의 유익을 위하여 그의 거룩하심에 참여하게 하시느니라 (히 12:10)

거룩은 '하라, 하지 말라'의 문제가 아니다. 하나님은 일련의 규칙을 세워 놓으시고 스스로 행위를 점검하여 거룩해지신 것이 아니다. 규칙은 성경적·신적 거룩과 전혀 관계가 없다.

하나님의 속성

거룩은 하나님이 누구신가, 즉 그분의 본질과 관련된 문제이다. 하나님에 관한 모든 것이 거룩하다. 그러므로 거룩을 이해하려면 하나님이 누구신가를 이해해야 한다. 이를 위해 우리는 하나님이 어떤 분이신가를 이해해야 할 필요가 있다. 따라서 성경이 하나님을 어떻게 말하는지 살펴보자.

하나님은 빛이시다

우리가 그에게서 듣고 너희에게 전하는 소식은 이것이니 곧 하나님은 빛이시라 그에게는 어둠이 조금도 없으시다는 것이니라 요일 1:5

하나님은 빛이시다. 그분은 빛을 창조하시고, 빛을 발하실 뿐 아니라 빛 자체이시다.

하나님은 사랑이시다

사랑하지 아니하는 자는 하나님을 알지 못하나니 이는 하나님은 사랑이심이라 … 하나님이 우리를 사랑하시는 사랑을 우리가 알고 믿었노니 하나님은 사랑이시라 사랑 안에 거하는 자는 하나님 안에 거하고 하나님도 그의 안에 거하시느니라 요일 4:8, 16

하나님은 빛이시며 사랑이시다. 빛과 사랑 사이에는 긴장이 있다. 빛은 당신을 두렵게 할 수 있으며, 사랑은 당신을 끌어당긴다. 나는 우리와 하나님과의 관계에도 이와 비슷한 긴장이 있다고 생각한다. 우리는 하나님께 가까이 가기를 원하면서도, 완전한 빛으로 들어가는 것은 불편해한다.

하나님은 공의이시며 심판이시다

이것은 절대적인 하나님의 본성의 한 부분이다. 신명기에서 모세는 이것을 다음과 같이 강조하였다.

내가 여호와의 이름을 전파하리니 너희는 우리 하나님께 위엄을 돌릴지어다 그는 반석이시니 그가 하신 일이 완전하고 그의 모든 길이 정의롭고 진실하고 거짓이 없으신 하나님이시니 공의로우시고 바르시도다 신 32:3-4

많은 사람이 자기의 특별한 상황이나 환경에 대하여 하나님이 공의롭지 않으시다고 말한다. 그러나 성경은 하나님 안에는 공의롭지 않음이 없다고 말한다. 하나님은 완전한 공의이시며, 진리의 하나님이시다. 창세기에서 아브라함은 소돔 성에 대하여 다음과 같이 하나님께 호소하였다.

> 주께서 이같이 하사 의인을 악인과 함께 죽이심은 부당하오며 의인과 악인을 같이 하심도 부당하니이다 세상을 심판하시는 이가 정의를 행하실 것이 아니니이까 창 18:25

하나님은 온 세상의 심판주이시며, 항상 공의를 행하신다. 그분께는 부당함이 없고, 그분 안에는 죄가 없다. 우리는 가끔 하나님이 부당하시다고 믿고 싶은 유혹을 받는다. 그러나 성경은 단호하게 절대 그럴 수 없다고 선언한다.

하나님은 분노와 진노이시다

오늘날 기독교가 좀처럼 수용하기 어려워하지만, 매우 중요한 사실이 있다. 그것은 바로 하나님이 분노와 진노의 하나님이시라는 점이다. 성경은 이에 대하여 다음과 같이 말한다.

> 여호와는 질투하시며 보복하시는 하나님이시니라 여호와는 보복하시

> 며 진노하시되 자기를 거스르는 자에게 여호와는 보복하시며 자기를 대적하는 자에게 진노를 품으시며 나 1:2

하나님은 진노하신다. 그분은 무서운 분이시고, 친히 보복하신다. 이것이 하나님의 신성과 영원한 본성의 한 부분이다. 우리가 이 부분을 배제해 버리면 하나님의 참 모습을 보지 못하게 된다. 우리는 요한계시록을 통해 적그리스도에게 내리실 하나님의 심판을 엿볼 수 있다.

> 또 다른 천사 곧 셋째가 그 뒤를 따라 큰 음성으로 이르되 만일 누구든지 짐승과 그의 우상에게 경배하고 이마에나 손에 표를 받으면 그도 하나님의 진노의 포도주를 마시리니 그 진노의 잔에 섞인 것이 없이 부은 포도주라 거룩한 천사들 앞과 어린 양 앞에서 불과 유황으로 고난을 받으리니 그 고난의 연기가 세세토록 올라가리로다 짐승과 그의 우상에게 경배하고 그의 이름표를 받는 자는 누구든지 밤낮 쉼을 얻지 못하리라 하더라 계 14:9-11

"어린 양 앞에서 … 고난(괴롭힘)을 받으리니." 이는 오늘날 대부분의 그리스도인들이 생각하는 온유하고 겸손하고 양선하신 예수님의 모습과는 다르다. 그러나 이것은 그분의 신성과 영원한 성품의 한 부분이다. 하나님은 심판자이시다. 어떤 이들은 하나님이 너무 자비로우셔서 영원한 징벌을 내리시지 않는다고 믿는다. 그러나 이것은 성경적이지 않을 뿐 아니라 매우 위험한 생각이다.

> 내가 이 두루마리의 예언의 말씀을 듣는 모든 사람에게 증언하노니 만일 누구든지 이것들 외에 더하면 하나님이 이 두루마리에 기록된 재앙들을 그에게 더하실 것이요 만일 누구든지 이 두루마리의 예언의 말씀에서 제하여 버리면 하나님이 이 두루마리에 기록된 생명나무와 및 거룩한 성에 참여함을 제하여 버리시리라 계 22:18-19

요한계시록에는 영원한 심판이 있다는 사실이 매우 분명하게 기록되어 있다. 우리 사회는 지금 피해자보다 가해자에게 훨씬 친절한 편이다. 왜 그럴까? 정죄하는 자가 되고 싶지 않기 때문이다. 왜 정죄하는 자가 되고 싶지 않는 것인가? 누군가에게 영원한 심판이 있다면, 우리에게도 심판이 있다는 것을 알기 때문이다.

하나님은 인자하시며 긍휼을 베푸신다

성경에 인자lovingkindness로 번역된 단어의 뜻은 '확고부동한 사랑'이다. 나는 이것을 연구하면서 이 말의 진정한 의미가 '언약을 지키시는 하나님의 신실함'이라는 결론에 도달했다. 이것은 언약에 대한 하나님의 신실하심이라고 할 수 있는데, 그분의 가장 위대한 속성 중 하나이다.

시편 51편에서 다윗은 깊은 고통 가운데 기도하고 있다. 그는 밧세

바를 범한 뒤 그의 남편인 우리야까지 살해한 사실이 드러나자 진심으로 통회하며 회개하였다.

> 하나님이여 주의 인자를 따라 내게 은혜를 베푸시며 주의 많은 긍휼을 따라 내 죄악을 지워 주소서 시 51:1

"주의 많은 긍휼을 따라"라는 표현은 언약을 지키시는 하나님의 신실함을 나타낸다. 다윗은 기본적으로 "하나님께서는 제가 조건을 지키면 용서하겠다고 하셨습니다. 저는 그 말씀에 의지하여 호소합니다"라고 말하는 것이다. 이것에 기초하여 하나님께 나아간다는 것은 얼마나 중요한가! 이러한 표현은 시편 곳곳에서 나타난다.

> 할렐루야 여호와께 감사하라 그는 선하시며 그 인자하심이 영원함이로다 시 106:1

하나님은 은혜이시다

> 그러므로 우리는 긍휼하심을 받고 때를 따라 돕는 은혜를 얻기 위하여 은혜의 보좌 앞에 담대히 나아갈 것이니라 히 4:16

이 본문에는 우리가 살 수 없는 두 가지가 나오는데, 바로 긍휼과 은혜다. 우리에게는 먼저 긍휼이 필요하지만, 은혜도 필요하다. 은혜는 우리가 살 수 없다. 종교적인 사람들은 참으로 어려운 문제를 가지고 있는데, 바로 그들이 모든 것을 획득해야 한다고 생각하는 것이다. 결국 그들은 하나님의 은혜를 포기하고 만다. "그러므로 우리는 긍휼하심을 받고 때를 따라 돕는 은혜를 얻기 위하여 은혜의 보좌 앞에 담대히 나아갈 것이니라."

우리의 과거를 위해 긍휼이 필요하고, 미래를 위해 은혜가 필요하다. 우리는 오직 하나님의 은혜로만 그분께서 바라시는 사람이 될 수 있고, 그런 삶을 살 수 있다.

하나님은 능력이시다

성경은 하나님의 능력에 대한 간증으로 가득하다. 다음은 그중 한 가지 예이다.

여호와께서 다스리시니 스스로 권위를 입으셨도다 여호와께서 능력의 옷을 입으시며 띠를 띠셨으므로 세계도 견고히 서서 흔들리지 아니하는도다 주의 보좌는 예로부터 견고히 섰으며 주는 영원부터 계셨나이다 여호와여 큰 물이 소리를 높였고 큰 물이 그 소리를 높였으니 큰 물이 그 물결을 높이나이다 높이 계신 여호와의 능력은 많은 물 소리와 바다의 큰 파도보다 크니이다 시 93:1-4

거룩함은
하나님의 전 존재이다

하나님의 속성은 (1) 빛, (2) 사랑, (3) 공의와 심판, (4) 분노와 진노, (5) 긍휼과 인자, (6) 은혜, (7) 능력으로 요약할 수 있다. 나는 하나님의 거룩함은 이 모두라고 믿는다. 구약과 신약을 통틀어 하나님을 묘사하는 단어가 한 문장에 세 번이나 반복해서 쓰인 것은 '거룩'이 유일하다. 이사야서에는 다음과 같이 기록되어 있다.

> 서로 불러 이르되 거룩하다 거룩하다 거룩하다 만군의 여호와여 그의 영광이 온 땅에 충만하도다 하더라 사 6:3

요한계시록에서는 생물들과 장로들이 다음과 같이 외친다.

> 거룩하다 거룩하다 거룩하다 주 하나님 곧 전능하신 이여 전에도 계셨고 이제도 계시고 장차 오실 이시라 계 4:8

나는 같은 말을 세 번이나 반복하는 데 중요한 의미가 있다고 믿는다. 이것은 "성부는 거룩하시다. 성자는 거룩하시다. 성령은 거룩하시다"라는 의미로 이해할 수 있다. 그 외에 거룩한 이는 없다. 거룩함은 하나님의 고유한 특성이다. 그리고 우리는 하나님과 연결되는 만큼 그분의 거룩함을 이해하거나 그것에 참여할 수 있다.

예배는 하나님의 거룩함에 대한 우리의 반응이다. 다시 말하지만, 거룩에 대한 계시가 없으면 예배도 있을 수 없다. 우리는 훌륭한 찬양을 드릴 수 있다. 하나님께 찬양과 감사를 드릴 수 있다. 그러나 예배할 수는 없다. 왜냐하면 우리가 하나님의 거룩함을 알게 될 때에 보이는 가장 합당한 반응이 예배이기 때문이다.

> 감사함으로 그의 문에 들어가며 찬송함으로 그의 궁정에 들어가서 그에게 감사하며 그의 이름을 송축할지어다 시 100:4

우리는 하나님께서 우리에게 행하신 일 때문에 감사한다. 우리가 하나님을 찬양할 때는 그분의 위대하심을 인지하는 것이다. 그러나 이것이 끝이 아니다. 그런데 많은 이들이 여기에서 멈춘다. 우리는 왜 하나님의 궁정에 들어가는가? 바로 하나님을 예배하기 위해서이다. 우리가 찬양의 노래를 부르고 멈춘다면, 좋은 시간을 가졌을 수는 있다. 하지만 하나님의 마음과 목적을 발견했다고 할 수는 없다. 부르짖을 무언가가 더 있는 것이다.

우리는 주 하나님의 임재를 갈망한다. 우리는 살아 계신 하나님과 직접적으로 만나기를 고대하며 우리가 드릴 수 있는 유일한 것, 곧 그분을 예배하기를 소망한다. 이 여정을 통해 하나님의 은혜로 그분의 임재 안으로 들어가기를 간구하라. 하나님의 임재 안에 있을 때, 진정으로 그분을 예배하게 될 것이다.

ENTERING THE PRESENCE OF GOD

예배는

하나님의 거룩함에 대한 우리의 반응이다. 다시 말하지만, 거룩에 대한 계시가 없으면 예배도 있을 수 없다. 우리는 훌륭한 찬양을 드릴 수 있다. 하나님께 찬양과 감사를 드릴 수 있다. 그러나 예배할 수는 없다. 왜냐하면 우리가 하나님의 거룩함을 알게 될 때에 보이는 가장 합당한 반응이 예배이기 때문이다.

Chapter 2

우리의 합당한 반응

Chapter 2 우리의 합당한 반응

시편은 참된 예배에 대하여 놀랍도록 아름다운 그림을 보여 준다.

오라 우리가 여호와께 노래하며 우리의 구원의 반석을 향하여 즐거이 외치자 우리가 감사함으로 그 앞에 나아가며 시를 지어 즐거이 그를 노래하자 여호와는 크신 하나님이시요 모든 신들보다 크신 왕이시기 때문이로다 땅의 깊은 곳이 그의 손 안에 있으며 산들의 높은 곳도 그의 것이로다 바다도 그의 것이라 그가 만드셨고 육지도 그의 손이 지으셨도다 오라 우리가 굽혀 경배하며 우리를 지으신 여호와 앞에 무릎을 꿇자 그는 우리의 하나님이시요 우리는 그가 기르시는 백성이며 그의 손이 돌보시는 양이기 때문이라 시 95:1-7

여기에는 내가 점검하고자 하는 세 단계를 보여 주는 구절이 나온다. 먼저 1-2절에서는 크고 열정적인 찬양과 감사가 나온다. "오라 우리가 여호와께 노래하며 우리의 구원의 반석을 향하여 즐거이 외치자 우리가 감사함으로 그 앞에 나아가며 시를 지어 즐거이 그를 노래하자." 이것은 크고 열정적인 찬양과 감사로, 전주에 해당한다.

그다음 3-5절에서 시편 기자는 찬양과 감사의 이유를 제시한다. 앞에서 배운 것처럼, 그는 하나님께서 우리를 위해 행하신 일에 대해 감사하며, 하나님이 어떤 분이신가를 찬양한다. 3절에는 두 가지 이유가 다 포함되어 있다. "여호와는 크신 하나님이시요"(시 95:3). 그리고 다른 시편에서는 이렇게 말한다. "여호와는 위대하시니 크게 찬양할 것이라"(시 145:3). 찬양은 하나님의 위대하심과 관련이 있다. 시편 95편은 하나님께서 무엇을 행하셨는지를 상기시킨다. "바다도 그의 것이라 그가 만드셨고 육지도 그의 손이 지으셨도다."

이와 같이 찬양과 감사로 하나님께 나아가면, 우리의 시선은 하나님께 초점을 맞추게 된다. 이것이 예배의 본질이다. 왜냐하면 예배의 가장 큰 적은 자기중심주의이기 때문이다. 우리가 우리 자신과 우리의 문제들과 우리 주변에서 일어나는 일들에 둘러싸여 있으면 하나님을 예배할 수 없다.

앞에서 언급했듯이, 세 번째 단계는 6-7절에 나온다. 예배는 자세(태도)로 표현된다.

> 오라 우리가 굽혀 경배하며 우리를 지으신 여호와 앞에 무릎을 꿇자
>
> 시 95:6

이 구절에서 두 가지를 살펴보자. 첫째, 예배는 우리를 하나님의 백성으로 구별한다. 예배의 이유는 다음과 같다. "그는 우리의 하나님이시요 우리는 그가 기르시는 백성이며 그의 손이 돌보시는 양이기 때문이라"(시 95:7). 우리는 하나님을 예배함으로 그분이 누구신가를 선포하는 것이다. 우리가 예배하는 분은 반드시, 그리고 필연적으로 우리의 하나님이어야 한다. 나중에 다루겠지만, 이것이 바로 우리가 다른 누구도 아닌 우리의 하나님을 예배하는 것이 그렇게 중요한 이유이다. 예배는 우리를 하나님의 백성으로 구별한다.

둘째, 예배는 하나님의 부드러운 사랑과 돌보심에 대한 우리의 합당한 반응이다. "우리는 그가 기르시는 백성이며 그의 손이 돌보시는 양이기 때문이라"(시 95:7).

예배의 결과

시편 95편을 계속해서 살펴보자. 나는 이 시가 예배의 결과와 우리가 예배에 실패했을 때 어떻게 되는지를 설명한다고 생각한다.

너희가 오늘 그의 음성을 듣거든 너희는 므리바에서와 같이 또 광야의 맛사에서 지냈던 날과 같이 너희 마음을 완악하게 하지 말지어다 그 때에 너희 조상들이 내가 행한 일을 보고서도 나를 시험하고 조사하였도다 내가 사십년 동안 그 세대로 말미암아 근심하여 이르기를 그들은 마음이 미혹된 백성이라 내 길을 알지 못한다 하였도다 그러므로 내가 노하여 맹세하기를 그들은 내 안식에 들어오지 못하리라 하였도다 시 95:7-11

우리는 여기서 머리를 숙이고 주님의 임재 앞에서 무릎을 꿇는 참된 예배의 두 가지 결과를 본다. 먼저 우리는 하나님의 음성을 듣는다. 큰 소리로 즐겁게 소리치고 감사하는 단계를 넘어 내적 안식, 모든 것이 잠잠하여 아주 고요한 중에 우리는 하나님의 임재 안에 머물게 된다. 그러한 가운데 우리는 하나님의 음성을 듣는데, 우리 자신과 복잡한 문제들과 당혹감에 빠져 있는 동안에는 결코 들을 수 없었던 방식으로 듣게 된다.

예배의 필수적인 요소들 가운데 하나는 시선을 우리 자신에게서 돌려 하나님께 초점을 맞추는 것이다. 이것은 우리의 정체성을 하나님의 정체성에 통합시키는 것이다.

하나님의 음성을 듣는 것이 가장 중요하다. 예레미야서에서 하나님은 자기 백성들에게 다음과 같이 강력하게 선언하셨다.

오직 내가 이것을 그들에게 명령하여 이르기를 너희는 내 목소리를 들으라 그리하면 나는 너희 하나님이 되겠고 렘 7:23

이것은 하나님의 요구사항에 대한 매우 단순한 진술이다. "내 목소리를 들으라 그리하면 나는 너희 하나님 되겠고." 신명기 28장에는 순종으로 인한 복과 불순종으로 인한 저주의 목록이 기록되어 있다. 먼저 복은 이렇게 시작한다. "네가 네 하나님 여호와의 말씀(음성)을 삼가 듣고 내가 오늘 네게 명령하는 그의 모든 명령을 지켜 행하면(순종하면) … 이 모든 복이 네게 임하며 네게 이르리니"(신 28:1-2). 그리고 저주는 이렇게 시작한다. "네가 만일 네 하나님 여호와의 말씀(음성)을 순종하지 아니하여 … 행하지 아니하면 이 모든 저주가 네게 임하며 네게 이를 것이니"(신 28:15). 여기서 가장 중요한 것은 하나님의 목소리를 듣는가, 듣지 않는가이다.

당신에게 충격을 주고 싶지는 않지만, 단지 성경을 읽는 것만으로는 부족하다. 요한복음에서 예수님께서는 "내 양은 내 음성을 들으며 … 나를 따르느니라"(요 10:27)라고 말씀하신다. 예수님의 음성을 듣지 못하면, 그분을 따를 수 없다. 성경을 읽는 것은 좋은 일이다. 그러나 주님의 음성을 전혀 듣지 못하면서도 성경을 읽을 수는 있다. 예배란, 우리가 참으로 하나님의 음성을 들을 수 있는 자세와 방법으로 그분께 나아가는 것이다.

예배의 두 번째 결과는 하나님의 안식에 들어가는 것이다. 예배를 드리고 하나님의 음성을 들음으로 우리는 다른 방법으로는 이를 수 없는 안식으로 들어간다. 진정으로 하나님을 예배할 줄 아는 사람만이 참된 하나님의 안식을 누릴 수 있다(안식이란 말은 오늘날 쉼 없이 분주하게 살아가는 미국인들에게 매우 생소하다).

그런즉 안식할 때가 하나님의 백성에게 남아 있도다 이미 그의 안식에 들어간 자는 하나님이 자기의 일을 쉬심과 같이 그도 자기의 일을 쉬느니라 그러므로 우리가 저 안식에 들어가기를 힘쓸지니 이는 누구든지 저 순종하지 아니하는 본에 빠지지 않게 하려 함이라 히 4:9-11

안식일의 쉼에 대하여 잠깐 생각해 보자. 나는 율법주의를 주장하지 않는다. 그리고 그리스도인들이 모세의 율법 아래 있다고 믿지 않는다. 로마서는 우리에게 "그리스도는 모든 믿는 자에게 의를 이루기 위하여 율법의 마침이 되시니라"(롬 10:4)라고 상기시켜 준다. 그리스도의 죽음으로 율법은 폐기되었다. 여기서 율법은 다른 측면이 아니라, 의를 획득하는 수단으로서의 율법을 말하는 것이다. 우리는 모세의 율법을 준수함으로 의를 이루지 않는다. 그러므로 나는 그리스도인들이 유대인들처럼 안식일을 준수해야 한다고 생각하지 않는다.

누군가 나에게 주일(일요일)이 안식일이라고 증명한다고 해도(안식일은 한 주의 일곱 번째 날이며, 일요일은 첫 번째 날이다), 우리는 모두 안식일을 범하는 자가 될 것이다. 안식일에는 어떤 종류의 불도 켜서는 안 되고, 전등의 스위치를 켜도 안 되며, 스토브를 켜도 안 되고, 일정 거리 이상 여행을 해서도 안 된다. 이 기준에 의하면, 우리 대부분은 단순히 교회를 가는 것만으로도 안식일을 범하게 된다.

그러나 성경은 "그런즉 안식할 때가 하나님의 백성에게 남아 있도다"(히 4:9)라고 말한다. 나는 일주일 내내 분주하게 사는 것이 하나님을 기쁘시게 하지 못한다고 믿게 되었다.

하나님께서 최초로 거룩하게 만드신 것은 시간이다. 그분은 일곱째 날을 거룩하게 하셨다. 하나님께서 어떤 장소나 물건을 거룩하게 하시기 전에 먼저 시간을 거룩하게 하셨다. 나는 지금도 시간이 거룩하게 될 필요가 있다고 믿는다.

하나님은 이스라엘에게 일곱째 해에는 아무것도 파종하지 말라고 말씀하셨다(출 23:11). 이것이 무엇인지 아는가? 믿음을 시험하는 것이다. 이스라엘 백성들은 인간적으로 무엇을 먹고 살지 고민했지만, 하나님께서는 친히 돌보실 것을 약속하시며 안식하라고 하신 것이다. 그러나 안타깝게도 이스라엘은 그렇게 하지 않았다.

수세기 후에 하나님께서 말씀하셨다. "좋다. 너희 땅이 안식하지 못했으나 내가 이를 행하리라. 너희는 포로가 되어 잡혀갈 것이고, 그것으로 너희가 지키지 못한 모든 안식을 보충하게 될 것이다."

나는 하나님께서 우리 역시 이렇게 다루신다고 믿는다. 어떤 사람들은 결코 쉬지 않는다. 그들은 날마다 동일한 강도로 일하며, 하나님께 시간을 거룩하게 하여 드리지 않는다. 결과적으로, 그들은 지키지 못한 안식을 병원에서 보내는 것으로 벌충하게 될 것이다.

당신에게 한 가지 묻겠다. 당신은 안식한다는 것이 무엇인지 아는가? 정신적으로 하는 일일지라도, 당신 스스로 행하지 않도록 자기를 훈련할 수 있는가? 당신이 해야만 하는 일들을 생각하지 않고 누워 있을 수 있는가? 많은 이들이 안식이 무엇인지조차 알지 못하는 것이 아닌가 염려가 된다.

나에게 예배와 안식은 참으로 새로운 개념이었다. 나는 이것들이 매우 긴밀하게 연결되어 있음을 알게 되었다. 큰 소리로 춤을 추고, 손뼉을 치며 노래하고, 감사하며 찬양하는 것도 중요하다. 그러나 우리가 머리를 조아리고 조용히 있게 되는 때가 온다. 오늘, 하나님의 음성을 듣거든, 마음을 완악하게 하지 말라. 하나님의 안식을 놓치지 말라.

예배에
실패한 결과

한 민족으로서 이스라엘은 예배하라는 하나님의 부르심을 받아들이지 않았다. 시편 95편에서 우리는 이스라엘이 예배에 실패한 결과를 볼 수 있다.

그는 우리의 하나님이시요 우리는 그가 기르시는 백성이며 그의 손이 돌보시는 양이기 때문이라 너희가 오늘 그의 음성을 듣거든 너희는 므리바에서와 같이 또 광야의 맛사에서 지내던 날과 같이 너희 마음을 완악하게 하지 말지어다 그 때에 너희 조상들이 내가 행한 일을 보고서도 나를 시험하고 조사하였도다 내가 사십 년 동안 그 세대로 말미암아 근심하여 이르기를 그들은 마음이 미혹된 백성이라 내 길을 알지 못한다 하였도다 그러므로 내가 노하여 맹세하기를 그들은 내 안식에 들어오지 못하리라 하였도다 시 95:7-11

이스라엘이 예배에 실패한 결과는 무엇인가? 첫째, 그들의 마음이 완악하게 되었다. 둘째, 그들은 하나님의 음성을 듣지 않았다. 셋째, 그들은 하나님의 진노를 유발했다. 넷째, 그들은 하나님의 안식에 들어가지 못했다. 그들은 찬양과 감사로 하나님의 임재에 들어가 고개를 숙이고, 무릎을 꿇고 조용히 나아가 거기서 하나님의 음성을 듣고, 그분의 안식에 들어가는 단계를 따르지 않았다.

열왕기상 19장에는 엘리야가 자신을 죽이겠다고 위협하는 이세벨로부터 도피하는 사건이 기록되어 있다. 엘리야는 광야로 가서 호렙산까지 긴 여행을 했다. 그곳은 하나님께서 그분의 자녀들과 언약을 맺으셨던 곳이다. 엘리야가 호렙산에 있을 때에 하나님께서 그에게 말씀하셨는데, 그는 하나님의 계시를 새롭게 받기 전에 몇 가지 극적인 경험을 하였다.

> 여호와께서 이르시되 너는 나가서 여호와 앞에서 산에 서라 하시더니 여호와께서 지나가시는데 여호와 앞에 크고 강한 바람이 산을 가르고 바위를 부수나 바람 가운데에 여호와께서 계시지 아니하며 바람 후에 지진이 있으나 지진 가운데에도 여호와께서 계시지 아니하며 또 지진 후에 불이 있으나 불 가운데에도 여호와께서 계시지 아니하더니 불 후에 세미한 소리가 있는지라 왕상 19:11-12

나는 바람, 지진, 불을 예배의 전주(前奏)라고 부른다. 이처럼 놀랍고 소란스런 소리와 흥분되는 것들이 있었지만, 이것은 예배가 아니었다.

불 후에 세미한 소리가 있는지라 왕상 19:12

확대역성경은 이 부분을 "부드럽고 고요한 소리"라고 번역하였다. 바로 이것이 내가 예배와 연결시켜서 보기 원하는 것이다.

엘리야가 듣고 겉옷으로 얼굴을 가리고 왕상 19:13

이것이 바로 예배이다. 이사야서에서 천사들이 하나님의 임재 앞에서 날개로 자신들의 얼굴과 발을 가렸던 것처럼, 엘리야도 그의 얼굴을 가렸다.

엘리야가 듣고 겉옷으로 얼굴을 가리고 나가 굴 어귀에 서매 소리가 그에게 임하여 이르시되 엘리야야 네가 어찌하여 여기 있느냐 왕상 19:13

엘리야는 하나님의 임재 앞, 조용하고 경외로운 장소에 이르렀다. 거기에서 하나님은 그에게 말씀하실 수 있었다. 그 자세로 엘리야는 하나님의 세미한 음성을 들었는데, 이는 다른 어떤 방법으로도 들을 수 없었던 것이었다. 엘리야는 하나님의 음성을 들음으로 새로운 방향을 찾고 힘을 얻었다. 그는 새로운 목적과 새로운 믿음과 새로운 용기를 가진 새 사람으로 나아갔다. 예배를 통해 하나님의 안식에 들어간 것이다.

ENTERING THE PRESENCE OF GOD

찬양과

감사로 하나님께 나아가면, 우리의 시선은 하나님께 초점을 맞추게 된다. 이것이 예배의 본질이다. 왜냐하면 예배의 가장 큰 적은 자기중심주의이기 때문이다. 우리가 우리 자신과 우리의 문제들과 우리 주변에서 일어나는 일들에 둘러싸여 있으면 하나님을 예배할 수 없다.

Chapter 3

영과 진리초

Chapter 3 영과 진리로

예수님은 우물가에서 사마리아 여인과 대화하실 때, 하나님께서 받으시는 예배의 조건에 대하여 말씀하셨다. 그 여인은 예배드리는 장소에 대해 이야기했다. 그러나 예수님은 전혀 기대하지 못한 새로운 방향으로 대화를 이끄셨다.

예수께서 이르시되 여자여 내 말을 믿으라 이 산에서도 말고 예루살렘에서도 말고 너희가 아버지께 예배할 때가 이르리라 너희는 알지 못하는 것을 예배하고 우리는 아는 것을 예배하노니 이는 구원이 유대인에게서 남이라 아버지께 참되게 예배하는 자들은 영과 진리로 예배할 때가 오나니 곧 이 때라 아버지께서는 자기에게 이렇게 예배하는 자들을 찾으시느니라 하나님은 영이시니 예배하는 자가 영과 진리로 예배할지니라 요 4:21-24

이 여인에게 하신 예수님의 말씀은 예언적이었다. 예루살렘 성전은 이 대화 이후 100년이 안 되어 파괴되어 유대인들은 거기에서 예배를 드릴 수 없게 되었다. 그러나 하나님께서는 성전이 파괴되기 전에 대안을 마련해 주셨다. 하나님은 예배의 조건을 물리적인 장소에서 영적인 조건으로 바꾸셨다. 예수님께서 말씀하신 영적인 조건이란 "영과 진리로" 예배하는 것이다.

　하나님은 실제로 이런 예배자를 찾으신다. 이것은 성경에 나오는 가장 놀라운 진술이다. 전능하신 하나님께서는 그분을 예배할 자들을 찾고 계신다. 예수님께서는 이렇게 말씀하셨다. "아버지께서는 자기에게 이렇게 영과 진리로 예배하는 자들을 찾으시느니라."

　예수님께서 말씀하신 이 두 가지 조건에 대하여 살펴보자. 먼저 "진리로" 예배하는 것부터 살펴보겠다.

진리로
예배하기

　요한계시록은 하나님의 임재로부터 제외될 사람들의 명단을 제시한다.

　그러나 두려워하는 자들과 믿지 아니하는 자들과 흉악한 자들과 살인자들과 음행하는 자들과 점술가들과 우상 숭배자들과 거짓말하는 모

든 자들은 불과 유황으로 타는 못에 던져지리니 이것이 둘째 사망이라
계 21:8

맨 마지막에 언급된 "거짓말하는 모든 자들"을 주목해 보라. 거짓말하는 자들은 하나님의 임재에 들어갈 수 없다. 그래서 우리는 하나님을 예배할 때 "진리로" 예배해야 한다.

사도행전 5장에 나오는 아나니아와 삽비라의 이야기는 이에 대한 생생한 증거이다. 그들은 땅을 팔아서 받은 돈을 헌금하기 위해 사도들에게 가져왔다. 그런데 그것은 그들이 주장하는 것처럼 땅값 전부가 아니었다. 그들은 일부를 감추어 두었다. 이것 때문에 두 사람은 목숨을 잃었다. 그들은 하나님의 임재 앞에서 차례로 죽었다(행 5:1-11). 이 본문은 거짓과 불성실함으로는 하나님의 임재에 들어갈 수 없다는 사실을 매우 분명하게 경고하고 있다.

사도 요한은 요한일서에서 다음과 같이 말했다.

우리가 그에게서 듣고 너희에게 전하는 소식은 이것이니 곧 하나님은 빛이시라 그에게는 어둠이 조금도 없으시다는 것이니라 만일 우리가 하나님과 사귐이 있다 하고 어둠에 행하면 거짓말을 하고 진리를 행하지 아니함이거니와 요일 1:5-6

하나님께 나아갈 때, 우리는 빛으로 나아가는 것이다. 따라서 거기에는 어둠이 있을 수 없으며, 의구심이나 불성실함이 틈탈 수가 없다.

모든 것은 완전히 공개되어야 한다. 다음의 문구를 주목하여 보라. "우리가 하나님과 사귐이 있다." 사귐은 예배와 밀접하게 연관되어 있다. 사귐과 예배는 모두 불변의 정직성, 성실성, 개방성을 요구한다. 우리는 하나님을 "진리로" 예배해야 한다.

영으로 예배하기

하나님을 "영으로" 예배하는 것의 의미를 알기 위해서는 성경이 말하는 인간의 구조를 이해해야 한다. 성경에 의하면, 인간은 영, 혼, 육으로 되어 있다. 이것은 사도 바울이 데살로니가 교회를 위해 드린 기도에 잘 나타난다.

> 평강의 하나님이 친히 너희를 온전히 거룩하게 하시고 또 너희의 온 영과 혼과 몸이 우리 주 예수 그리스도께서 강림하실 때에 흠 없게 보전되기를 원하노라 살전 5:23

우리는 육이 무엇인지 안다. 혼은 우리의 자아the ego이다. 이것은 "나는 ~할 것이다" 또는 "나는 ~하지 않을 것이다"라고 하거나, "나는 ~라고 생각한다" 또는 "나는 ~라고 생각하지 않는다"라고 말하는 속성이다. 이것을 의지, 지성, 감성이라고 하는데, "나는 ~할 것이다", "나는 생각한다", "나는 느낀다" 등의 진술로 표현된다. 이것은 극히 단순화한 것이지만, 혼을 적절히 설명한 것이라고 할 수 있다.

마지막으로 영은 오직 한 가지 최고의 기능을 가지고 있는데, 그것은 바로 하나님과 연결되는 것이다. 하나님을 예배하는 것은 육이나 혼이 아니라 영이다. 그런데 우리가 이 세 가지 기능의 상호관계를 이해하지 못하면, 예배를 온전히 이해할 수 없다.

시편 103편에서 다윗은 "내 영혼아 여호와를 송축하라"(1절)라고 말했다. 누가 다윗의 혼에게 말하는 것인가? 그의 혼이 자기 혼에게 말하는 것이 아니다. 그러면 누가 다윗의 혼에게 "여호와를 송축하라"라고 말하는가? 이것은 바로 다윗의 영이다. 그의 영은 하나님과 만나고 있으므로 열정적이었다. 그의 영은 이렇게 말한다. "우리는 이에 대하여 무언가를 해야 해. 그냥 거기 앉아 있지만 말고, 무언가를 하라. 기뻐하라. 여호와를 송축하라!" 혼은 우리 안에 있는 변속기이다. 혼은 결정하고, 육에게 움직이도록 명령한다. 이처럼 영이 혼을 다스리고, 혼이 육을 다스리는 것이다.

창세기 2장에 기록된 창조의 이야기를 다시 살펴보자.

> 여호와 하나님이 땅의 흙으로 사람을 지으시고 생기를 그 코에 불어넣으시니 사람이 생령이 되니라 창 2:7

인간을 구성하는 두 가지 구별되는 자원이 있다. 하나는 위에서부터 난 것이고, 다른 하나는 아래로부터 난 것이다. 위로부터는 숨, 곧 하나님의 영이 사람에게 불어넣어졌다. 그리고 아래로부터는 인간의 육체적 본질이 왔는데, 이것이 바로 흙으로 만들어진 육이다.

그러나 인간이 죄를 짓고 하나님께 반역했을 때, 그의 영은 하나님과의 교제로부터 단절되어 하나님께 대하여 죽어 버렸다. 이것을 성경은 "허물과 죄로 죽었다"(엡 2:1)라고 표현한다.

인간이 회개와 믿음으로 하나님께 돌아오면, 그의 영이 거듭남으로 새로워지고, 하나님과의 교제가 회복된다. 여기서 다시 한 번 교제와 예배가 매우 밀접하게 연결되어 있음을 알 수 있다. 하지만 우리가 이해해야 하는 것은 하나님과 직접 교제하는 것은 혼이나 육이 아니라 우리의 영이라는 것이다.

우리는 거듭난 영을 통해 인격 대 인격, 영 대 영으로 하나님과 직접 연결될 수 있다. 그래서 예수님께서는 "아버지께서는 자기에게 이렇게 예배하는 자들을 찾으시느니라 하나님은 영이시니 예배하는 자가 영과 진리로 예배할지니라"(요 4:24)라고 말씀하셨다. 하나님께서 인간에게 불어넣어주신 동일한 요소가 바로 이 영이며, 이것을 통해 인간은 하나님과 직접 연결될 수 있고, 하나님을 "영으로" 예배할 수 있다.

다음의 말씀을 읽어 보라.

> 창녀와 합하는 자는 그와 한 몸인 줄을 알지 못하느냐 일렀으되 둘이 한 육체가 된다 하셨나니 주와 합하는 자는 한 영이니라 고전 6:16-17

바울은 인간이 연합하는 두 가지 방법을 말하고 있다. 하나는 육적인 방법으로, 한 남자가 다른 여자와 성적으로 연합하는 것이다. 그리고 다른 방법은 영적인 방법으로, 인간의 영이 하나님의 영과 연합하는 영적 연합이다. 이것은 매우 놀라운 그림으로, 남자와 여자가 성적인 연합으로 친밀해지는 것과 같다. 우리는 예배의 교제 안에서 주님과 연결되는 것이다. 이것이 하나님을 영으로 예배하는 것이다.

 예배는 하나님과 교통하는 것이다. 이것은 하나님과 친밀하게 교제하는 것이며, 그분과 직접 연합하는 것이다. 그런데 이러한 활동은 인간의 육이나 혼으로는 불가능한 일이다. 오직 인간의 영만이 예배를 통해 할 수 있는 하나님과의 가장 특별하고 소중한 관계이며, 인간이 할 수 있는 가장 고상한 활동이다. 이것이 영과 진리로 하나님을 예배하는 것이다.

 우리는 하나님께서 요구하시는 대로 우리의 전 인격을 하나님께 맞추고, 그분께 응답해야 한다. 당신의 영은 혼을 통해 육을 다스려야 한다. 그러므로 당신의 영이 하나님을 예배하고자 할 때, 혼과 육이 협력하지 않으면 제대로 할 수 있는 것이 없다. 혼과 육이 협조하지 않아서 하나님을 예배하지 못하는 영은 감옥에 갇힌 영이다. 육은 그의 영을 가두는 감옥과 같아서 영이 반응할 수 없게 된다. 이것은 많은 그리스도인들이 안고 있는 문제이다.

 오늘날 많은 목회자들이 성도들에게 말씀을 가르쳐 준다. 그러나 그들에게 매우 불완전한 교회와 예배의 모습을 보여 주고 있다. 그래서 사람들이 참된 것을 경험하게 될 때, 오히려 이상하다고 느끼게 된다. 그만큼 비정상적인 것에 길들여졌기 때문이다.

다행스러운 것은 하나님께서 우리에게 예배로 나아갈 수 있도록 돕는 지도를 주셨다는 것이다. 하나님은 우리를 예배로 인도하셔서 하나님의 임재에 들어갈 수 있도록 모형을 주셨다. 이 모형은 바로 성막이다.

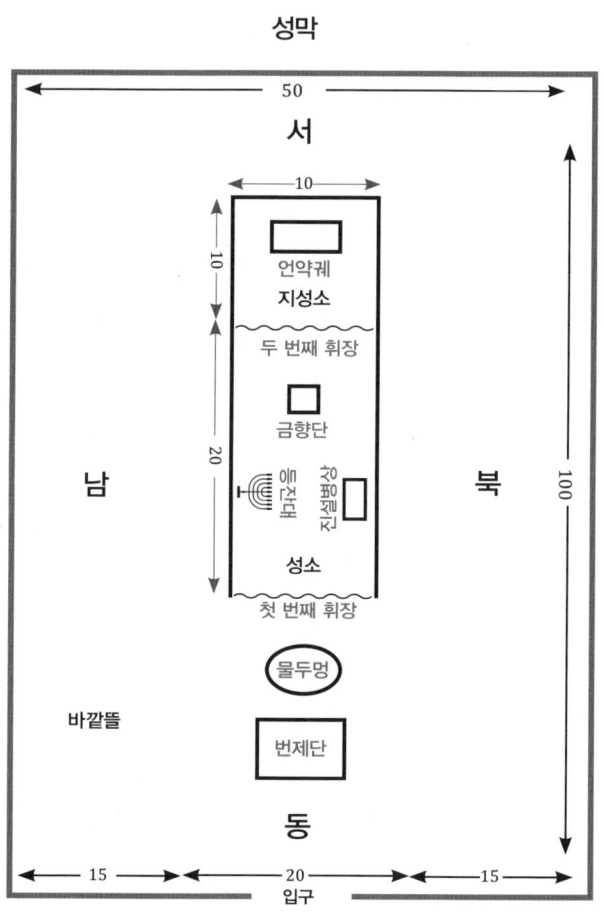

ENTERING THE PRESENCE OF GOD

예배는

하나님과 교통하는 것이다. 이것은 하나님과 친밀하게 교제하는 것이며, 그분과 직접 연합하는 것이다. 그런데 이러한 활동은 인간의 육이나 혼으로는 불가능한 일이다. 오직 인간의 영만이 예배를 통해 할 수 있는 하나님과의 가장 특별하고 소중한 관계이며, 인간이 할 수 있는 가장 고상한 활동이다. 이것이 영과 진리로 하나님을 예배하는 것이다.

Chapter 4

육:
물과 피로
정결하게
되다

Chapter 4 육: 물과 피로 정결하게 되다

성경에서 가장 놀라운 것 중 하나는 모세의 성막이다. 성막에 대해서는 출애굽기 25-30장과 35-40장에 설명되어 있다. 하나님께서 출애굽기의 열두 장을 할애해서 성막에 대해 설명하신 것은 그것이 그만큼 중요하기 때문이다.

나는 성막을 공부할 때마다 하나님과의 교제와 거룩함에 대한 갈망을 느낀다. 그리고 성경에서 성막을 자세하게 소개하는 목적도 바로 이것 때문이라고 확신한다.

지성소에 이르는 길

완전, 성숙, 완성, 만족에 이르는 것이 지성소에 이르는 길이다. 히

브리서에서는 신약성경 어디에서도 설명하지 않는 방법으로 이것을 설명하고 있다. 여기서 우리는 성막을 하나님을 찾는 과정으로 이해하는 것이 성경적이라는 것을 알 수 있다. "지성소에 이르는 길"은 성막의 모형에서 온 것이다(히 9:8).

> 예수께서 만일 땅에 계셨더라면 제사장이 되지 아니하셨을 것이니 이는 율법을 따라 예물을 드리는 제사장이 있음이라 그들이 섬기는 것은 하늘에 있는 것의 모형과 그림자라 모세가 장막을 지으려 할 때에 지시하심을 얻음과 같으니 이르시되 삼가 모든 것을 산에서 네게 보이던 본을 따라 지으라 하셨느니라 히 8:4-5

5절은 성막이 "하늘에 있는 것의 모형과 그림자"라는 것을 보여 준다. 이것은 영적 진리를 반영하는 물리적인 실체이다. 그리고 히브리서 9장에서 다시 이것을 언급한다.

> 그러므로 하늘에 있는 것들의 모형은 이런 것들로써 정결하게 할 필요가 있었으나 하늘에 있는 그것들은 이런 것들보다 더 좋은 제물로 할지니라 그리스도께서는 참 것의 그림자인 손으로 만든 성소에 들어가지 아니하시고 바로 그 하늘에 들어가사 이제 우리를 위하여 하나님 앞에 나타나시고 히 9:23-24

성막은 지성소, 전능하신 하나님의 임재에 들어가는 길의 모형을 계시한다. 이것은 어림짐작이나 추측을 한다거나, 단순히 우리가 기뻐하거나 생각하는 것을 행하는 문제가 아니다. 성경에는 지성소에 들어가는 과정이 묘사되어 있는데, 그것은 다양한 구역과 물건들을 통해 계시되었다.

성막은 바깥뜰과 첫 번째 휘장 뒤에 있는 성소, 그리고 두 번째 휘장 뒤에 있는 지성소로 구성되어 있다. 한 성막에 세 영역이 있는 구조는 여러 가지 면에서 매우 중요하다. 이것은 삼위일체 하나님의 본성을 보여 준다. 또한 하늘의 본질을 보여 주는데, 성경은 바울이 셋째 하늘에 올라갔다 왔다고 말한다(고후 12:2). 동시에 이것은 영, 혼, 육으로 이루어진 인간의 본성을 보여 준다.

이 세 영역을 구분하는 또 다른 방법은 각 영역에서 보는 빛을 기준으로 하는 것이다. 바깥뜰에는 자연광이 있어서 낮에는 태양이 비추고, 밤에는 달과 별이 있다. 첫 번째 휘장 뒤에 있는 성소에는 등잔대의 불이 있는데, 이것은 인공적인 불이다. 그러나 두 번째 휘장 뒤에 있는 지성소에는 자연광이나 인공적인 빛이 필요 없다. 그 작은 공간에는 전능하신 하나님의 초자연적인 임재의 빛이 있다.

지성소를 비추는 하나님의 임재는 히브리어로 쉐키나shekinah이다. 이것은 '거주하다'라는 뜻을 가지고 있으며, 가시적인 하나님의 영광을 의미한다. 성막의 세 번째 영역인 지성소에는 오직 이 빛만이 있는데, 이것은 백성들 가운데 거하시는 전능하신 하나님의 현현이다.

이제 성막의 세 영역을 우리의 영, 혼, 육과 관련해서 살펴볼 것이다. 성막의 바깥뜰은 우리의 육, 성소는 혼, 지성소는 영에 상응한다. 앞에서 말한 대로, 우리는 하나님을 육이나 혼이 아닌 영으로 예배한다. 우리가 하나님과 관계를 맺는 것은 영이므로, 궁극적인 예배의 장소는 두 번째 휘장 뒤에 있는 지성소이다.

그러면 우리는 어떻게 예배로 나아갈 수 있는가? 성막의 구조대로 바깥뜰에서 성소를 지나 지성소로 들어가는 것이다.

바깥뜰

성막에 접근할 때는 언제나 바깥뜰에서 시작한다. 이처럼 하나님께 나아갈 때는 항상 육적인 영역, 자연적인 영역에서 시작한다. 바깥뜰은 육과 관련되며, 지상에 사실 때의 예수님의 삶으로 볼 수 있다. 예수님은 자연적인 감각으로 보이고, 만져지고, 들리는 인간으로서 갈릴리와 예루살렘을 거니셨다. 그러므로 우리는 바깥뜰에서 타고난 감성이나 지성을 통해 계시를 받는다.

바깥뜰에서 볼 수 있는 첫 번째 물건은 놋으로 만든 큰 제단이다. 이 제단의 사면은 광을 낸 놋으로 싸여 있어서 가까이 다가가면 우리의 모습을 볼 수 있다. 그리고 이 제단에서 모든 짐승을 잡아 하나님께 제물로 바쳤다.

이 놋제단은 우리를 위해 희생의 제물로 돌아가신 그리스도를 나타낸다. 이것은 예수님이 흘리신 보혈을 말하는데, 그 피로 우리가 구속을 받아 하나님과 화목하게 된 것이다. 이것이 시작이다. 우리는 십자가를 우회할 수 없다. 우리는 우리를 위해 십자가에서 희생하신 예수님의 보혈의 은혜로만 예배로 나아갈 수 있다.

놋제단의 네 면

놋제단의 네 면은 십자가 위에서 돌아가신 예수님의 희생을 통해 하나님이 우리를 위해 행하신 네 가지를 나타낸다. 첫 번째 면은 과거의 죄를 용서하심을 나타내는데, 이것은 필수적이다. 당신의 죄를 용서받지 못하면 더는 전진할 수 없다. 이것은 로마서에도 기록되어 있다.

> 이 예수를 하나님이 그의 피로써 믿음으로 말미암는 화목제물로 세우셨으니 이는 하나님께서 길이 참으시는 중에 전에 지은 죄를 간과하심으로 자기의 의로우심을 나타내려 하심이니 롬 3:25

두 번째 면은 죄sin를 제거하심을 나타낸다. 영어에서 죄의 복수형 sins과 단수형sin 사이에는 매우 중요한 차이가 있다. 복수형의 죄들은 우리가 범한 악한 행동들이다. 그리고 단수형의 죄는 영적인 힘으로, 우리로 타락하게 하고, 죄를 범하거나 악한 행동을 하게 하여 노예로 삼는 힘이다. 단수형의 죄는 복수형의 죄들의 근원이다. 따라서 우리가 죄들을 다루는 것은 오직 나무의 가지들을 다루는 것일 뿐, 모든 죄의 가지들을 먹이는 나무를 다루는 것이 아니다. 고린도후서에는 다음과 같이 기록되어 있다.

하나님이 죄를 알지도 못하신 이를 우리를 대신하여 죄로 삼으신 것은 우리로 하여금 그 안에서 하나님의 의가 되게 하려 하심이라 고후 5:21

여기에서 교환이 이루어졌다. 예수님은 우리의 모든 악함을 취하셔서 죄가 되셨고, 반대로 우리는 예수님의 모든 의로우심으로 의롭게 되었다. 여기서 다룬 것은 죄들sins이 아니고 죄sin이다. 히브리서에는 다음과 같이 기록되어 있다.

그리하면 그가 세상을 창조한 때부터 자주 고난을 받았어야 할 것으로 되 이제 자기를 단번에 제물로 드려 죄를 없이 하시려고 세상 끝에 나타나셨느니라 히 9:26

그리스도는 단 한 번 고난을 당하셨다. 왜냐하면 그 고난으로 꼭 필요한 것을 다 이루셨기 때문이다.

놋제단의 세 번째 면은 우리 안에 있는 옛 본성, 타락한 본성인 반역자를 다룬다. "우리의 옛사람이 예수님과 함께 십자가에 못 박힌 것은"(롬 6:6). 여기에 쓰인 헬라어는 과거시제이며, 이것은 역사적인 사실이다. 당신이 알거나 알지 못하거나 상관없이 분명한 사실이다. 그러나 당신이 이것을 알지 못한다면, 그로 인한 유익을 누리지 못할 것이다.

우리가 알거니와 우리의 옛 사람이 예수와 함께 십자가에 못 박힌 것은 죄의 몸이 죽어 다시는 우리가 죄에게 종노릇 하지 아니하려 함이니 롬 6:6

죄는 더 이상 활동하지 못하게 되었다. 이제 더는 죄를 주장하지 못하게 되었다. 우리가 죄의 종이 되지 않으려면, 죄악 된 옛사람이 죽어야 한다. 옛사람은 하나님께서 구제책을 세우지 않으실 정도로 희망이 없다. 하나님은 옛사람을 교회에 보내실 수도 없고, 그에게 십계명을 가르치실 수도 없으며, 그를 경건하게 만드실 수도 없다. 하나님은 그것을 간단하게 처형해 버리신다. 이것이 옛사람, 옛 아담을 위한 유일한 해결책이다.

하나님께서는 이 형의 집행을 십자가에서 예수님에게 행하심으로 우리에게 긍휼을 베풀어 주셨다. 예수님께서 돌아가실 때, 그분 안에서 우리의 옛사람이 죽었다. 당신이 이것을 알고, 이 사실을 의지한다면, 그것이 당신에게 역사한다. 그러나 알지 못한다면, 당신은 이것을 의지할 수 없고, 그것이 당신에게 역사하지도 않을 것이다. 그리고 당신이 알면서도 의지하지 않는다면, 이것이 당신에게 역사하지 않을 것이다. 이것이 이루어지려면 그것을 알고 의지해야 한다.

놋제단의 네 번째 면은 우리 자신을 하나님께 희생제물과 번제물로 바치는 곳이다. 하나님께 드려진 제물이 번제단의 불로 완전히 소화되는 것은 하나님의 선물이다. 모든 것이 예수님을 상징하는 레위기의 제사 순서를 공부하다 보면, 첫 번째 언급되는 것이 번제임을 알게 될 것이다. 주도권이 죄인인 사람에게 있지 않고 하나님께 있기 때문이다(레 1:3). 예수님이 하나님의 뜻에 따라 번제단에서 번제물로 드려졌기 때문에 십자가 위에서 나머지 모든 제사가 이루어질 수 있었다. 만일 예수님께서 "나의 원대로 마옵시고 아버지의 원대로 하옵소서"(마 26:39)라고 말씀하지 않으셨다면, 나머지는 하나도 성취되지 않았을 것이다.

성막을 공부하다 보면, 우리가 성경과 반대로 진행한다는 것을 알게 될 것이다. 성경은 언약궤에서 시작하여 밖으로 나아간다. 구원의 주도권이 우리에게 있지 않고, 하나님께 있기 때문이다. 만일 하나님께서 뜻하지 않으셨다면, 아무 일도 일어나지 않았을 것이다. 예수님이 십자가 위에서 최초의 번제로 드려지지 않으셨다면, 당신과 나의 구원도 없었을 것이다.

그러나 우리를 위해 그 순서는 반대이다. 먼저 우리의 죄가 용서되어야 한다. 죄가 먼저 처리되어야 한다. 옛사람이 죽거나 십자가에서 처형되어야 한다. 그때 우리는 하나님께서 받으실 수 있는 번제로 우리 자신을 드릴 수 있는데, 이것은 로마서 12장 1절에 기록되어 있다. "그러므로 형제들아 내가 하나님의 모든 자비하심으로 너희를 권하노니." 여기서 "그러므로"는 11장까지 제시된 복음의 진리 전체를 지칭한다.

이 모든 것이 다루어진 뒤에 하나님께서 우리에게 요구하시는 것은 무엇인가?

> 그러므로 형제들아 내가 하나님의 모든 자비하심으로 너희를 권하노니 너희 몸을 하나님이 기뻐하시는 거룩한 산 제물로 드리라 이는 너희가 드릴 영적 예배니라 롬 12:1

번제단의 세 면을 다 만족시키기 전에는 당신을 하나님이 받으시는 제물로 드릴 수 없다. 하나님께서 "나는 너의 몸을 원한다"라고 말씀하신다. 그런데 이것을 인식하는 그리스도인은 매우 적다. 하나님은 우리의 온몸을 원하신다. 옛 언약에서는 죽임을 당한 짐승의 몸을 통째로 제단에 올렸다. 지금 하나님께서 말씀하신다. "너희는 동일한 방법으로 너희 몸을 제단에 바쳐라. 단 하나의 예외가 있는데, 죽여서가 아니라 산 채로 바쳐야 한다."

계속해서 그다음 절을 보자.

> 너희는 이 세대를 본받지 말고 오직 마음을 새롭게 함으로 변화를 받아 하나님의 선하시고 기뻐하시고 온전하신 뜻이 무엇인지 분별하도록 하라 롬 12:2

몸을 제단에 바치기 전에는 하나님의 뜻을 발견할 수 없다. 그렇게 할 때에 당신의 마음이 새롭게 되며, 하나님의 뜻이 당신에게 열리기 시작한다. 그러나 번제단의 네 면의 요구를 충족시키기 전에는 더 이상 진행할 수 없다.

첫째, 과거의 죄가 용서된다. 그리고 하나님께서 죄를 가져가신다. 그다음에 옛사람이 처형되고, 온몸이 하나님께 대한 완전한 복종으로 번제단에 바쳐진다. 이때부터 당신의 몸은 당신에게 속한 것이 아니다. 당신은 당신의 것이 아니다. 당신은 값으로 사신 바 되었다(고전 6:19-20).

물두멍

이제는 출애굽기에 묘사된 물두멍을 보자.

여호와께서 모세에게 말씀하여 이르시되 너는 물두멍을 놋으로 만들고 그 받침도 놋으로 만들어 씻게 하되 그것을 회막과 제단 사이에 두고 그 속에 물을 담으라 아론과 그의 아들들이 그 두멍에서 수족을 씻되 그들이 회막에 들어갈 때에 물로 씻어 죽기를 면할 것이요 제단에 가까이 가서 그 직분을 행하여 여호와 앞에 화제를 사를 때에도 그리 할지니라 이와 같이 그들이 그 수족을 씻어 죽기를 면할지니 이는 그와 그의 자손이 대대로 영원히 지킬 규례니라 출 30:17-21

물두멍은 성막과 번제단 사이에 있다. 물두멍에서 씻는 것은 선택 사항이 아니다. 성막으로 들어가거나 성막에서 나오는 사람은 반드시 물두멍에서 씻어야 한다. 물두멍에서 씻지 않고 지나갈 수 있는 사람은 아무도 없다. 만약 그냥 지나간다면, 그에 대한 벌은 죽음뿐이다. 그만큼 물두멍을 매우 중요하게 여긴 것이다.

물두멍은 하나님의 말씀을 나타내는데, 출애굽기에는 다음과 같이 기록되어 있다.

그가 놋으로 물두멍을 만들고 그 받침도 놋으로 하였으니 곧 회막 문에서 수종드는 여인들의 거울로 만들었더라 출 38:8

물두멍은 성막에서 시중들며 예배하던 여인들의 놋거울로 만들었다. 그 당시에는 유리가 없었다는 것을 기억하라. 최상의 거울은 광을 아주 잘 내어 평평하게 만든 놋으로 된 것이었다. 우리는 물두멍의 세

가지 측면, 곧 그것이 거울에서 왔고, 놋으로 만들었으며, 물로 채워졌다는 것을 알 수 있다. 이 세 가지는 각각 하나님의 말씀의 특성을 나타낸다.

첫째, 하나님의 말씀은 거울이다.

> 누구든지 말씀을 듣고 행하지 아니하면 그는 거울로 자기 생긴 얼굴을 보는 사람과 같아서 약 1:23

하나님의 말씀은 우리의 육신의 모습을 비춰 주지는 않는다. 말씀은 우리의 영적인 상태를 보여 준다. 하나님의 눈에 비친 당신의 모습이 어떤지 알고 싶으면 거울을 보라. 나는 성경을 읽을수록 나의 불완전성과 허물, 부족함을 보게 된다.

당신이 거울을 들여다보면, 두 가지를 할 수 있다. 당신은 그렇게 나빠 보이지 않는다고 말하며 아무것도 하지 않고 걸어 나갈 수 있다. 또는 보이는 대로 필요한 변화를 줄 수도 있고, 조정할 수 있다. 이렇게 하면 야고보 사도가 말하는 것처럼 당신이 행한 결과로 복을 받을 수 있다. 하나님의 말씀을 듣는 자만이 아니라 행하는 자, 곧 하나님의 말씀을 따라 행동하는 자도 복되다는 사실을 기억하라.

둘째, 하나님의 말씀은 우리의 심판자이다. 놋은 항상 하나님의 시험과 심판을 상징한다. 하나님께서는 당신을 보신다. 그분 앞에서는 감춰진 것이 하나도 없다. 하나님의 눈에는 모든 것이 벌거벗은 것처럼 다 드러난다. 예수님께서는 요한복음 12장에서 다음과 같이 말씀하셨다.

사람이 내 말을 듣고 지키지 아니할지라도 내가 그를 심판하지 아니하노라 내가 온 것은 세상을 심판하려 함이 아니요 세상을 구원하려 함이로라 나를 저버리고 내 말을 받지 아니하는 자를 심판할 이가 있으니 곧 내가 한 그 말이 마지막 날에 그를 심판하리라 요 12:47-48

베드로는 성부 하나님이 우리의 심판자라고 말한다(벧전 1:17). 그리고 요한은 하나님 아버지께서 아들에게 모든 심판을 맡기셨다고 말한다(요 5:22). 그러나 요한복음 12장에서 예수님은 "나는 너희를 심판하지 않는다. 내가 한 말에 심판을 맡겼다"라고 말씀하셨다.

모든 심판은 하나님의 말씀의 표준에 따라 실행될 것이다. 말씀은 하나님의 심판의 절대적인 표준이다. 그러므로 말씀은 우리에게 스스로 판단할 기회를 준다. "우리가 우리를 살폈으면judged 판단judgement을 받지 아니하려니와"(고전 11:31). 우리가 누구에게 심판을 받지 않는다는 것인가? 바로 하나님께 심판을 받지 않는다. 하나님께서 "너희가 거울을 들여다보고 너희 자신을 심판한다면, 나는 너희를 심판할 필요가 없다"라고 말씀하신다.

물두멍의 세 번째 측면은 물이다. 물은 우리를 정결하게 하는 하나님의 말씀이다.

그리스도께서 교회를 사랑하시고 그 교회를 위하여 자신을 주심 같이 하라 이는 곧 물로 씻어 말씀으로 깨끗하게 하사 거룩하게 하시고 자기 앞에 영광스러운 교회로 세우사 티나 주름 잡힌 것이나 이런 것들이

없이 거룩하고 흠이 없게 하려 하심이라 엡 5:25-27

이 본문은 그리스도께서 희생당하신 십자가를 말하고 있다. 주님께서 보혈로 구속함을 받은 사람들을 말씀으로 정결하게 하시고, 성결하게 하는 물로 씻으시는 것이다. 이것을 기억하라. 그리스도께서는 자신의 보혈로 교회를 구속하셔서 하나님의 말씀으로 씻어 정결하고 거룩하게 하셨다.

우리는 십자가의 보혈과 말씀의 물로 성화되고, 거룩해지며, 하나님의 뜻으로 충만해진다. 제단에 왔으나 물로 씻지 않는 사람은 죽임을 당하게 되어 있다. 당신은 십자가에서 돌아가신 예수님을 믿음으로 구속받을 수 있다. 그러나 말씀의 물로 씻지 않으면, 당신은 성화될 수 없다. 예수님은 말씀의 물로 씻어 거룩하고 영광스럽게 된 교회를 위해 오신다. 이것은 매우 분명하다. 말씀을 연구하고, 그것에 굴복하고 순종하지 않는 자는 그리스도의 오심을 위해 준비되었다고 할 수 없다.

이는 물과 피로 임하신 이시니 곧 예수 그리스도시라 물로만 아니요 물과 피로 임하셨고 증언하는 이는 성령이시니 성령은 진리니라 요일 5:6

예수님은 위대한 스승으로서 우리를 정결하게 하는 물로 오셨다. 또한 그분은 피를 흘려야만 했던 구속자이시다. 피 흘림 없이는 죄 사함도 없고, 구속도 없다(히 9:22). 주님은 보혈을 흘리셔서 말씀의 물로 씻어 정결하고 거룩하게 하셨다. 예수님은 물과 피로 오셨다.

Chapter 5

혼:
예배에
이르는
감성적
접근

Chapter 5 혼: 예배에 이르는 감성적 접근

우리는 지성소에 이르는 길을 가고 있다. 옛 언약 아래 하나님은 모세에게 천국의 실재와 진리에 대한 지상의 모형을 주셨다. 그러나 예수 그리스도 안에 있는 새 언약을 통해서만 옛 언약 아래 그림자로 보여 주신 천국의 실재 안으로 들어갈 수 있다.

이제 우리는 성막의 바깥뜰에서 성소 안으로 들어가려고 한다. 육의 영역을 벗어나 혼의 영역, 또는 감성의 영역으로 들어간다. 이것을 예수 그리스도의 삶과 관련지어서 설명하면, 예수님께서 지상에서 걸어 다니시던 시기에서 그분의 죽음과 부활의 계시로 들어가는 것이다.

그가 모든 사람을 대신하여 죽으심은 살아 있는 자들로 하여금 다시는 그들 자신을 위하여 살지 않고 오직 그들을 대신하여 죽었다가 다시 살아나신 이를 위하여 살게 하려 함이라 그러므로 우리가 이제부터는 어떤 사람도 육신을 따라 알지 아니하노라 비록 우리가 그리스도도 육

신을 따라 알았으나 이제부터는 그같이 알지 아니하노라 고후 5:15-16

우리는 단지 예수님께서 돌아가셨다는 것만이 아니라 부활하셨다는 것도 말하고 있다. 우리는 물리적인 지식의 표면을 벗어나 성령에 의해 주어지는 계시의 영역으로 들어간다.

첫 번째 휘장

성막에서 바깥뜰을 벗어나면 첫 번째 휘장을 지나야 하는데, 나는 이것이 예수님의 부활을 의미한다고 믿는다. 우리가 그 휘장을 지날 때, 예수님이 죽음에서 부활하심으로 우리에게 열어 주신 영역으로 들어가는 것이다. 어떤 면에서 이것은 예수님의 부활을 통해 우리를 그분과 동일시하는 것을 나타낸다.

> 그러므로 너희가 그리스도와 함께 다시 살리심을 받았으면 위의 것을 찾으라 거기는 그리스도께서 하나님 우편에 앉아 계시느니라 골 3:1

우리는 그리스도와 함께 죽었다. 그러나 성경은 우리가 그분과 함께 다시 살리심을 받았다고 말한다.

성소

성소에는 세 가지 중요한 물건이 있는데, 그것은 진설병과 등잔대, 그리고 금으로 된 향단이다. 나는 이것들이 혼의 기능에 상응한다고 믿는다.

진설병

진설병은 인간의 의지에 상응한다. 성경에서 빵은 힘의 상징이며, 혼의 힘은 지성이나 감성에 있지 않고, 의지에 있다. 당신은 탁월한 지성을 가지고 있거나 높은 감성을 지니고 있음에도 매우 연약할 수 있다. 나는 설교할 때, 회중의 의지에 다가가 그것을 변화시키려 한다. 사람들을 감성적으로 동요시키는 것은 비교적 쉬운 일이다. 그러나 의지를 변화시키지 못한다면, 아무런 소용이 없다. 따라서 이것이 우리의 목표가 되어야 한다. 떡상 위의 진설병은 인간의 의지의 상징이다.

시편에는 우리가 다루고자 하는 영역에 대한 핵심 구절이 있다.

그가 가축을 위한 풀과 사람을 위한 채소를 자라게 하시며 땅에서 먹을 것이 나게 하셔서 사람의 마음을 기쁘게 하는 포도주와 사람의 얼굴을 윤택하게 하는 기름과 사람의 마음을 힘있게 하는 양식을 주셨도다 시 104:14-15

여기에 하나님께서 인간의 혼을 위해 제공하시는 세 가지가 나온다. 포도주는 감성이고, 기름은 지성이다. 여기서 '윤택하게 하다'shine라는 단어를 주목하라. 이것은 빛을 말하는 것이다. 그리고 양식은 의지를 나타낸다. 하나님의 예비하심은 양식(곡식), 포도주, 기름으로 요약된다.

요엘서 1장에서 하나님을 버린 그분의 백성들에게는 하나님의 임재가 없으므로 이 세 가지 모두 핍절했다. 그러나 하나님께서 성령을 부어 주시겠다고 약속하신 요엘서 2장에는 이렇게 기록되어 있다. "여호와께서 그들에게 응답하여 이르시기를 내가 너희에게 곡식과 새 포도주와 기름을 주리니 너희가 이로 말미암아 흡족하리라"(욜 2:19). 곡식은 의지의 힘이며, 하나님의 말씀이다. 기름은 성령의 조명이다. 그리고 포도주는 주님의 기쁨이다. 이 세 가지를 모두 가지고 있지 않다면, 핍절한 삶을 살고 있는 것이다. 우리가 하나님께 돌아간다면, 그분은 이것들을 모두 제공하실 것이다.

의지의 유형을 정하시는 분은 그리스도 자신이시다.

> 그러므로 주께서 세상에 임하실 때에 이르시되 하나님이 제사와 예물을 원하지 아니하시고 오직 나를 위하여 한 몸을 예비하셨도다 번제와 속죄제는 기뻐하지 아니하시나니 이에 내가 말하기를 하나님이여 보시옵소서 두루마리 책에 나를 가리켜 기록된 것과 같이 하나님의 뜻을 행하러 왔나이다 하셨느니라 히 10:5-7

그리스도의 몸은 우리의 목적, 즉 하나님의 뜻을 행하기 위해 예비

되었다. 이와 같이 우리가 몸을 가진 한 가지 이유가 있다. 그것은 바로 하나님의 뜻을 행하는 것이다. 다른 모든 것은 부차적이다. 예수님께서는 친히 다음과 같이 말씀하셨다.

> 내가 아무 것도 스스로 할 수 없노라 듣는 대로 심판하노니 나는 나의 뜻대로 하려 하지 않고 나를 보내신 이의 뜻대로 하려 하므로 내 심판은 의로우니라 요 5:30

이것은 매우 중요한 원리이다. 당신은 자신의 의지를 추구하지 않을 때, 분별력이 정확하고, 정의롭게 판단할 수 있다. 성부 하나님의 뜻을 추구할 때, 속임 당하지 않을 것이다. 당신은 판단력과 분별력을 가지고 판단할 수 있을 것이다. 그러다가 자신의 뜻을 추구하기 시작하면서부터 그릇 가게 된다.

마태복음에는 이것에 대한 가장 모범적인 말씀이 있다. "그러나 나의 원대로 마시옵고 아버지의 원대로 하옵소서"(마 26:39). 여기에서 예수님은 성부 하나님께 자신의 모든 의지를 굴복시키신다. 이와 같이 우리는 우리의 뜻을 굴복시킴으로 하나님의 완전한 뜻을 발견할 수 있다.

예수님은 하나님의 뜻을 행함으로 힘을 얻으셨다. 이것은 주님이 우물가에서 사마리아 여인을 만나신 뒤에 제자들과 나누신 대화에 잘 나타난다.

그 사이에 제자들이 청하여 이르되 랍비여 잡수소서 이르시되 내게는 너희가 알지 못하는 먹을 양식이 있느니라 제자들이 서로 말하되 누가 잡수실 것을 갖다 드렸는가 하니 예수께서 이르시되 나의 양식은 나를 보내신 이의 뜻을 행하며 그의 일을 온전히 이루는 이것이니라 요 4:31-34

예수님이 처음 우물가에 앉으셨을 때에는 육체적으로 연약하셨다. 그러나 여인에게 증거하시고 하나님의 뜻을 성취하셨을 때, 그분은 육체적인 힘을 얻으셨다. 예수님은 음식을 드셔야 할 필요를 느끼지 못하셨다. 우리도 마찬가지다. 우리는 하나님의 뜻을 행함으로 힘을 얻는다. 우리의 의지를 하나님의 뜻을 행하는 데 고정함으로 우리의 혼이 힘을 얻고 목적을 발견한다.

진설병의 문자적 의미는 '얼굴의 떡'이다. 누구의 얼굴인가? 이것은 항상 하나님의 얼굴 앞에 있었던 떡이다. 민수기에는 "항상(지속적으로) 진설하는 떡"(민 4:7)이라고 기록되어 있다. 이것은 하나님의 얼굴 앞에 매일 지속적으로 진설된 떡이었다.

나의 의지가 24시간 내내 하나님 앞에 있어야 한다는 깨달음은 내 삶에 매우 큰 영향을 끼쳤다. 하나님은 나의 의지를 점검하기 원하신다. 떡상에는 정확하게 열두 개의 떡이 진설되어 있었다. 여기서 단 하나라도 비면, 하나님은 그 이유를 알고 싶어 하신다.

당신이 이 점을 이해할 수 있다면, 많은 재난과 마음의 고통을 면할 수 있을 것이다. 당신이 지켜야 하는 것은 바로 당신의 의지이다. 당신이 하나님께 취하는 모든 태도와 행위는 당신의 의지에서부터 시작된다.

진설병을 위한 규정은 다음과 같다.

너는 고운 가루를 가져다가 떡 열두 개를 굽되 각 덩이를 십분의 이 에 바로 하여 여호와 앞 순결한 상 위에 두 줄로 한 줄에 여섯씩 진설하고 너는 또 정결한 유향을 그 각 줄 위에 두어 기념물로 여호와께 화제를 삼을 것이며 안식일마다 이 떡을 여호와 앞에 항상 진설할지니 이는 이스라엘 자손을 위한 것이요 영원한 언약이니라 이 떡은 아론과 그의 자손에게 돌리고 그들은 그것을 거룩한 곳에서 먹을지니 이는 여호와의 화제 중 그에게 돌리는 것으로서 지극히 거룩함이니라 이는 영원한 규례니라 레 24:5-9

우리는 진설병을 통해 하나님이 찾으시는 여덟 가지 모습을 볼 수 있다. 첫째, 진설병을 만들기 위해서는 곡식을 아주 곱게 갈아야 한다. "빵을 만드는 곡식은 빻나니"(사 28:28, KJV). 하나님께서 우리의 의지를 다루실 때, 인간적인 의지가 드러날 때마다 지속적으로 곱게 갈아 버리신다. 우리의 의지가 곱게 간 곡식으로 만든 밀가루처럼 부드럽게 될 때에 하나님께서 받으신다. 이렇게 될 때까지 하나님은 빻고, 빻고, 또 빻으신다.

둘째, 떡 덩이를 만들기 위해서는 모양을 만들어야 한다. 이처럼 당신의 의지는 성경에 계시된 하나님의 뜻을 따라야 한다. 그 모양을 만드는 데 사용된 모형은 예수님이시다.

셋째, 모양이 만들어지면 뜨거운 불에 구워야 한다. 여기서 불은 시험을 나타낸다. 당신은 이렇게 말하게 될 것이다. "예, 하나님. 당신의 뜻을 행하겠습니다." 그러면 그때부터 모든 것이 당신의 뜻과 반대로 흘

러간다. 하루에도 수많은 어려움이 닥친다. 불을 견딜 수 없어서 생각을 바꾸고 싶은가? 불이 사방에 있는 것을 이상하게 여기지 말라. 그것이 바로 빵을 굽는 과정이다.

넷째, 떡은 진열되어야 한다. 열두 개의 떡은 두 줄로 정렬된다. 이때 한 줄에는 일곱 개를 놓고, 다른 줄에는 다섯 개를 두어서는 안 된다. 이것이 많은 그리스도인들, 특히 은사주의자들이 제대로 하지 못하는 부분이다. 훈련이 없이는 제자가 될 수 없다. 한 줄에 다섯 개를 놓고, 다른 줄에 일곱 개를 놓는 것이 문제라고 생각하지 않으면, 당신은 하나님처럼 생각하지 않는 것이다.

하나님은 한 줄에 여섯 개씩 놓으라고 하셨다. 빵은 하나씩 마주 보게 진열된다. 두서없이 놓아서도 안 되고, 비스듬히 놓아서도 안 된다. 당신의 의지가 어떠하면, 당신의 책상과 사무실, 주방도 그럴 것이다. 삶의 질서를 지키기 어렵다면, 당신의 진설병을 확인해 보라.

다섯째, 진설병은 정결한 유향으로 덮어야 한다. 성경에서 유향은 항상 예배의 모형을 나타낸다. 우리는 "글쎄요, 하나님께서 고집하신다면, 그렇게 하겠습니다"라고 반응하면 안 된다. 우리는 항상 "하나님, 감사합니다. 하나님의 뜻을 행하는 것이 즐겁습니다. 복종하고 경배하는 마음으로 머리를 숙입니다. 주님의 뜻이 이루어지기 원합니다"라고 해야 한다. "하늘에서와 같이 땅에서도"가 우리의 표준이다.

여섯째, 앞에서 언급한 대로, 떡은 주야로 하나님의 얼굴 앞에 항상 진설되어야 한다. 하나님은 "나는 떡이 어디에 있는지 보기 원한다!"라고 하신다.

일곱째, 이중 보호장치가 떡을 둘러싸고 있다(출 37:10-12). 진설하는 떡이 너무 소중하기 때문에 순금으로 된 턱 하나만으로는 부족하다. 따라서 진설병의 부스러기가 첫 번째 테를 벗어나면 두 번째 턱에라도 걸려서 땅에 떨어지지 않도록 이중으로 보호한다. 이처럼 당신의 의지에도 이중의 테가 있는데, 그것은 바로 깨어 있는 것과 기도하는 것이다.

이러므로 너희는 장차 올 이 모든 일을 능히 피하고 인자 앞에 서도록 항상 기도하며 깨어 있으라 하시니라 (눅 21:36)

당신은 경건하지 않은 자들에게 임하는 하나님의 심판이 당신에게 내려진다면, 이것이 하나님의 불의가 될 수밖에 없을 정도의 삶을 살아야 한다. "시험에 들지 않게 깨어 기도하라 마음에는 원이로되 육신이 약하도다"(마 26:41). 예수님께서 말씀하신다. "너는 항상 나를 따르겠다고 말했다. 그러나 네가 깨어 기도하지 않는다면 무장해제를 당할 것이다." 아니나 다를까. 이런 일이 제자들에게 일어나고 말았다. 이것이 이중 보호장치로 진설병을 잘 정돈해야 하는 이유이다. 깨어 있으라. 그리고 기도하라.

마지막으로, 진설병은 항상 신선하게 진설해야 한다. 당신은 자신의 의지를 정기적으로 하나님께 재헌신해야 한다. 스미스 위글스워스는 "모든 새로운 계시는 새로운 헌신을 요구한다"라고 말했다. 나는 이 말에 동의한다. 하나님께서 새로운 진리와 새로운 일을 보여 주실 때마다 새롭게 떡상 위에 진설병을 드릴 것을 요구하신다.

바깥뜰에서는 하나님이 우리를 위해 무엇을 하셨는가를 보았다. 그러나 성소에 들어갈 때는 하나님께 대한 우리의 반응을 보여 준다. 이것은 우리의 의지에서 시작된다. 나에게 있어서 이것은 매우 분명하다. 나는 길을 가거나 일상에서 크고 작은 일을 행할 때마다 이렇게 생각한다. '여기에 진설병이 있는가? 떡이 모두 제 자리에 있는가? 내 안에 하나님의 뜻에 복종하지 않는 것은 없는가?' 이것은 내가 하나님의 뜻에 따라 체념한다는 뜻이 아니라 하나님의 뜻을 기쁘게 적극적으로 행한다는 뜻이다.

등잔대

이번에는 일곱 가지로 된 등잔대이다. 나는 이 등잔대를 빛의 근원인 지성과 연관 짓는다. 등잔대는 올리브 기름으로 불을 켜는데, 이것은 성령의 조명 아래 빛을 발하는 인간의 이성을 나타낸다.

등잔대와 지성소에 있는 그룹^{cherub}은 금을 두들겨서 만든다. 순금은 본질상 하나님을 나타내고, 두들겨 만든 금은 하나님의 솜씨를 나타낸다. 이와 비슷하게 그룹은 피조물이고, 사람의 마음 또한 하나님의 피조물이다. 더 나아가 두들겨 만든 금은 모형과 망치질을 하여 형태를 만들어 가는 것을 의미하는데, 이것은 지성의 두 가지 측면인 학습과 훈련을 나타낸다. 당신의 지성의 등잔대가 하나님이 원하시는 모습이 되기 위해서는 두들겨서 모양을 만들어야 한다.

> 하나님 아는 것을 대적하여 높아진 것을 다 무너뜨리고 모든 생각을
> 사로잡아 그리스도에게 복종하게 하니 고후 10:5

　여기에 분명하게 마음의 영역에 적용되는 구절이 있다. 이 말씀이 보여 주는 것은 우리의 본성과 사상을 내버려 두면 하나님께 대적한다는 것이다. "육신의 생각은 하나님과 원수가 되나니"(롬 8:7). 원수의 모든 사상(육신의 생각)은 그리스도께 복종시켜야 한다. 이 과정이 바로 황금을 두들겨 등잔대를 만드는 것이다.
　당신의 생각이 그리스도께 복종하게 되면 어떻게 말하는지 아는가? 당신의 모든 생각이 성경과 일치할 때 말이다.
　예수님을 만나기 전에 철학을 공부한 나는 평균적인 그리스도인들보다 더 많은 문제를 가지고 있었다. 하나님께서는 이것이 나의 연약한 부분이라고 보여 주셨다. 하나님은 내 생각을 보호하는 장치가 필요하다고 하시면서 소망의 투구를 주셨다(살전 5:8).
　하나님께서는 내게 세상이 하나님을 떠나 있다고 말씀하셨다. 위대한 복음 사역 중 하나는 사람들의 생각을 사로잡아 그리스도께 복종하게 만드는 것이다. 그런데 하나님은 먼저 내 마음에서부터 시작해야 한다고 알려 주셨다. 온전한 것은 아니지만, 현재 나는 젊었을 때와는 전혀 다른 마음을 가지고 있다. 나는 모든 생각을 사로잡기 위해 부지런히 망치질하려고 노력했다. 이것은 모든 그리스도인이 반드시 통과해야 하는 과정이다.
　시편을 보면, 불빛이 우리의 깨달음과 관계가 있음을 알 수 있다.

주의 말씀을 열면 빛이 비치어 우둔한 사람들을 깨닫게 하나이다 시 119:130

그리고 에베소서를 보면, 이 깨달음이 영적인 과정이라는 것을 알 수 있다. "오직 너희의 심령spirit of your mind이 새롭게 되어"(엡 4:23). 여기서 '새롭게'라는 단어의 시제는 현재진행형이다. 마음이 지속적으로, 그리고 발전적으로 새롭게 되어야 한다는 것이다. 이것은 일회적 사건이 아니다.

깨달음은 당신의 마음을 성령님께 양보할 때에 일어난다. 성령께서 사로잡으실 때, 그분은 당신의 마음이 성경의 말씀과 일치하도록 만드실 것이다. 성령께서 사로잡으시면, 당신의 마음은 모든 면에서 그분께 동의할 것이다. 그러나 이것은 일련의 과정이다.

예수님께서 의지의 유형을 정하시듯, 우리의 마음을 위해서도 그렇게 하신다.

너희 안에 이 마음을 품으라 곧 그리스도 예수의 마음이니 빌 2:5

예수님께서 생각하는 방식으로 생각하기를 배우라. 이때 요구되는 것은 바로 '겸손'이다.

그는 근본 하나님의 본체시나 하나님과 동등됨을 취할 것으로 여기지 아니하시고 빌 2:6

예수님은 십자가에서 죽기까지 자기를 낮추셨다. 이것이 바로 예수님의 마음이었다. 마음은 십자가를 통과해야 한다. 이것이 당신의 교만하고 완고한 마음을 사로잡아 순종과 겸손과 십자가의 죽음에 이르게 하는 과정이다. 십자가에 못 박힌 마음은 하나님과 논쟁하지 않는다. "그러나"라고 말하지 않으며, 오직 "아멘!"이라고 한다.

지성의 조명은 우리의 의지를 주님께 맡겨 드릴 때 일어난다. 의지를 포기하기까지는 지성이 조명될 수 없다. 조명을 받은 지성은 항상 의지의 상태를 드러낸다. 성전에서 등잔대는 진설병 테이블 위에 놓여 있다.

당신의 의지가 질서를 벗어나면, 조명을 받은 지성이 이것을 드러낼 것이다. 그러나 의지는 그것을 불쾌해할 것이다. 그때 당신은 어둠으로 들어가게 된다. 그렇게 되면 참된 계시를 받는 대신, 거짓 계시를 받게 된다. 예수님께서는 "네게 있는 빛이 어두우면 그 어둠이 얼마나 더 하겠느냐"(마 6:23)라고 하셨다.

지금 우리가 향하여 가고 있는 지성소는 가장 거룩한 계시가 임하는 곳이다. 참된 계시를 받기 위해 당신은 가장 거룩하신 분과 바르게 연결되어야 한다. 당신이 계시의 근원과 바르게 연결되어 있지 않다면, 오직 거짓 계시만을 받게 될 것이다. 이것이 거룩한 계시에 대한 하나님의 지침이다.

성도의 영을 다스리고 운영하시는 분은 하나님의 영이시다. 이 영은 사람의 마음을 다스리시고, 마음은 육체를 다스린다. 그래서 모든 것의 시작과 근원은 하나님이시며, 이 모든 것은 온전히 하나님께 양도된 의지에 달려 있다.

금향단

성소에 있는 마지막 기구는 금향단인데, 이것은 성소에 있는 기구 중 키가 가장 크다. 이것의 높이는 두 규빗이고, 나머지 것들은 모두 한 규빗 반이다.

향단의 네 모서리에는 뿔이 달려 있다. 뿔 사이에는 불이 타고 있는데, 이 불로는 짐승의 제사를 드리지 않는다. 이 불에 유일하게 태워지는 것은 특별하게 제조된 향이다. 그런데 이 향을 다른 목적으로 사용하기 위해 모방하거나 제조하는 것은 불법이다. 이 향단은 성도가 삶 가운데 드리는 예배의 장소를 나타낸다.

우리가 하나님께 드리는 예배는 하나님 외에 다른 어떤 것에게도 드려서는 안 된다. 설교자를 예배하는 자가 되지 말라. 이것은 하나님의 임재 안으로 인도하는 향단의 향을 잘못 사용하는 것이다.

금향단에는 여덟 가지 특징이 있다. 우리가 여전히 사람의 마음과 관련된 영역에 있다는 것을 기억하라. 하나님은 먼저 의지(진설병)를 다루시고, 그다음에 지성(등잔대)을 다루시며, 우리의 감정을 부드럽게 해 주신다.

어떤 이들은 신앙에 있어서 감정적인 부분을 두려워한다. 그러나 이것은 논리적이지 않다. 왜냐하면 감정은 마음의 필수요소이기 때문이다. 물론 감정을 제어할 수 없게 되거나 무질서해질 수도 있다. 그러나 여기서 우리가 따르는 특별한 패턴은 우리의 감정을 어떻게 다룰 수 있는지를 보여 준다.

하나님은 우리가 스스로 감정을 다스리되, 감정이 우리를 다스리는 것을 원치 않으신다. 이것을 결정하는 것은 의지이다. 나는 대부분의 사람들과 같이 춤을 추고 즐길 수 있다. 그러나 이렇게 하도록 하는 것은 나의 감정이 아니라 의지이다. 나는 감정이 나를 좌우하도록 허락할 수 없다. 그렇다고 해서 내가 감정이 없는 사람이라고 말할 수 없다. 나에게는 분명 감정이 있다. 그러나 그것은 적절히 제어되어야 한다.

나는 의지와 이성을 잘 다룬다면 얼마든지 감정을 온전히 다스릴 수 있다고 믿는다. 그러나 이 순서를 뒤바꿔 놓는다면, 감정의 노예가 될 것이다.

금향단의 첫 번째 특징은 그것이 정사각형이라는 것이다. 그것의 모든 면이 동일했다. 이는 당신의 감정이 균형 잡혀 있어야 한다는 것을 의미한다. 이런저런 감정에 휘둘려서는 안 된다.

둘째, 진설병은 두 개의 테두리로 보호하였는데, 향단에는 하나의 테두리만 있다. 감정을 보호하는 테두리는 무엇인가? 그것은 바로 절제이다. 당신이 자신의 감정을 다스리고 있다는 것을 기억하라. 절대로 감정에 주도권을 넘겨주어서는 안 된다.

셋째, 불은 강렬함과 정결함, 마음의 열정을 상징한다. 하나님께서는 우리가 감정 없는 사람이 되기보다 열정적이길 원하신다. 그러나 이것은 제어하거나 정화되고, 지도할 수 있는 열정이다.

윌리엄 부스의 딸인 케이트 부스 클리본은 "예수님은 우리를 열정적으로 사랑하시며, 우리에게 열정적으로 사랑받기 원하신다"라고 말했다. 참으로 그렇다. 열정은 성결의 한 부분이지만, 올바른 관계와 제어 아래 있어야만 한다.

향단의 네 번째 특징은 향이다. 이것은 불로 태워질 때 나오는 것으로, 우리의 헌신을 의미한다. 유향은 불에 올려놓을 때까지는 아무런 매력이 없는 덩어리에 불과하다. 그러나 불에 타면 아름다운 향을 뿜어낸다. 반면에 꿀은 불에 올려놓기 전까지 달고 맛있다. 그러나 불에 태우면 끈적거리는 검은 덩어리가 된다. 그래서 하나님은 불로 태워서 드리는 제물에 꿀을 섞지 못하게 하셨다(레 2:11). 불시험을 견디지 못한다면 좋은 도구가 될 수 없다.

다섯째는 위로 올라가는 연기이다. 아름답고 향기로운 흰 연기는 찬양과 경배로 표현되는 예배이다.

여섯째, 향단의 뿔은 매년 속죄일에 드리는 화목제의 피로 정결하게 해야 한다. 다시 말해서, 우리는 예배에서 항상 예수 그리스도의 보혈이라는 유일한 길을 통해 하나님께 나아간다는 것을 인식해야 한다. 예수님의 보혈을 통해 나아가지 않으면, 절대 하나님께서 예배를 받으실 수 없다. 향단은 보혈로 정결해져야 한다.

일곱째, 향단은 성소의 기구 중 키가 제일 크다. 향단의 뿔 때문에 그것은 시은좌에 있는 그룹들과 비슷한 높이가 된다. 찬양과 예배를 드릴 때, 우리는 향의 연기처럼 위로 올라가 영적으로 가장 높은 경지에 이르게 된다.

마지막으로, 향단은 혼에서 영으로의 전환을 의미한다. 성소에서 지성소로 들어가는 것이다. 찬양과 예배 외에 하나님께서 정해 주신 다른 길은 없다.

성결의 장소에 들어갈 때에 우리는 의지와 지성과 감성을 하나님의 요구사항에 맞게 정돈하여 나아간다. 이제 우리는 하나님의 임재로 들어가 참된 예배를 드릴 준비가 되었다.

Chapter 6

영:
지성소에
이르는
길

Chapter 6 영: 지성소에 이르는 길

우리는 세 구역으로 된 성막을 여행하는 중인데, 이것은 인간의 삼위일체의 본성을 나타낸다. 성막에서 바깥뜰은 육, 성소는 혼, 지성소는 인간의 영을 나타낸다.

두 번째
휘장

성소를 떠나 이제 두 번째 휘장을 통과한다. 이 두 번째 휘장은 일년 중 유일하게 대속죄일에만 대제사장이 통과할 수 있도록 허락되었다. 그는 놋제단에서 피를, 그리고 금향단에서 타는 숯과 향을 채운 향로를 가지고 들어갔다. 이렇게 하는 이유는 지성소로 들어가는 길이 영원한 희생제사의 보혈과 예배와 찬양의 향으로 되어 있기 때문이다.

예배가 없다면 성소 너머로 갈 수 없다. 참된 예배를 배우기까지는 혼의 영역에 머물러 있는 것이다. 혼의 영역을 벗어나는 유일한 길은 보혈로 성화된 예배이다. 나는 두 번째 휘장을 그리스도의 승천으로 본다.

> 하나님이 … 허물로 죽은 우리를 그리스도와 함께 살리셨고 (너희는 은혜로 구원을 받은 것이라) 또 함께 일으키사 그리스도 예수 안에서 함께 하늘에 앉히시니 엡 2:4-6

성경은 우리가 그리스도와 함께 다시 살리심을 받았을 뿐만 아니라, 주님과 함께 하나님의 보좌에 앉도록 일으킴을 받았다고 말한다. 첫 번째 휘장은 죽음으로부터의 부활을 상징한다. 그리고 두 번째 휘장은 예수님과 함께 하나님의 보좌에 앉기 위해 승천하는 것을 상징한다.

지성소

앞에서 언급한 대로, 지성소에는 하나님의 임재의 가시적인 현현인 쉐키나의 영광 외에 다른 빛은 없다. 이곳이 바로 예배가 일어나는 곳이다. 우리가 하나님의 임재 안에 있을 때에는 다른 조명이 전혀 필요 없다. 여기서 우리는 하나님과 영 대 영 Spirit to spirit 으로 만나는 일대일의 관계를 경험한다.

지성소에는 두 개의 기구가 있는데, 첫째는 언약궤이다. 그리고 언약궤 위에는 시은좌가 있으며, 양쪽에 그룹이 하나씩 있다.

영의 세 가지 활동인 예배, 교제, 계시는 오직 하나님과의 관계에서만 의미가 있다. 인간의 영은 하나님과 연합하기 전까지는 죽어 있다. 우리의 육과 혼은 하나님과 직접적인 관계 없이도 활동할 수 있다. 그러나 영은 오직 창조주와 연결되어야 살아난다. 하나님으로부터 떨어져 있을 때, 당신의 영은 죽어 있고, 어둠 가운데 있으며, 눈은 먼 상태다. 그래서 모든 활동은 오직 하나님과의 관계에서만 의미가 있는 것이다.

언약궤

언약궤는 영에 계시된 그리스도, 또는 그리스도가 당신의 영에 계시된 것이다. 우리가 해석하는 방법에 따르면, 지성소가 인간의 영을 나타내기 때문이다. 성경에서 언약궤ark는 그리스도의 모형이다. 예를 들어, 노아의 방주ark는 '그리스도 안에 있는 당신'의 모형이다. 그리고 모세의 언약궤ark는 '당신 안에 있는 그리스도'의 모형이다. 그런데 둘 다 새 언약의 관계를 상징한다.

언약궤는 성막에 있는 다른 모든 것과 마찬가지로 아카시아 나무로 만들었고, 안팎을 금으로 입혔다. 나무는 예수님의 인성의 모형이며, 금은 그분의 신성의 모형이다. 언약궤 안에는 십계명 돌판과 만나를 담은 금항아리, 아론의 싹 난 지팡이가 들어 있는데, 이것에 대해서는 나중에 자세히 살펴볼 것이다.

솔로몬 시대에 성막은 예루살렘에 건축된 성전으로 대치되었다. 그리고 이곳은 이스라엘 중에 거하시는 하나님의 처소가 되었다. 언약궤가 솔로몬의 성전으로 옮겨졌을 때, 다음과 같은 변화가 있었다.

제사장들이 여호와의 언약궤를 그 처소로 메어 들였으니 곧 본전 지성소 그룹들의 날개 아래라 그룹들이 궤 처소 위에서 날개를 펴서 궤와 그 채를 덮었는데 그 채가 길어서 궤에서 나오므로 그 끝이 본전 앞에서 보이나 밖에서는 보이지 아니하며 그 궤가 오늘까지 그 곳에 있으며 궤 안에는 두 돌판 외에 아무것도 없으니 이것은 이스라엘 자손이 애굽에서 나온 후 여호와께서 그들과 언약을 세우실 때에 모세가 호렙에서 그 안에 넣은 것이더라 대하 5:7-10

성전이 건축되면서 만나를 담은 금항아리와 아론의 싹 난 지팡이가 제거되었다. 나는 성막이 빛과 유동성과 불영속성을 나타내는 현 세대의 교회를 보여 준다고 생각한다. 성막이 있던 시절에는 모든 것에 막대기로 된 손잡이가 있어서 운반할 수 있었다. 전부 해체하여 옮겨서 다시 조립할 수 있었다. 이것이 이 세대의 교회이다.

그리고 솔로몬의 성전은 다음 세대의 교회라고 할 수 있다. 그것은 정착되고 영속적이며, 영광스럽고 가시적인 능력으로 통치한다. 그런데 지금은 불가시적·영적으로 통치한다.

언약궤가 성막에서 성전으로 옮겨지면서 두 가지가 제거되었다. 첫째는 만나를 담은 금항아리이다. 이것은 감춰진 만나인데, 다음 세대에서는 더 이상 감춰지지 않을 것이다. 그리고 아론의 싹 난 지팡이가 제거되었다. 이것은 하나님의 능력과 권세의 상징으로, 다음 세대에서는 공개적으로 드러날 것이다. 그러나 십계명 돌판은 항상 언약궤 안에 남아 있다.

십계명 돌판

두 돌판은 영원하고 의로운 하나님의 율법을 나타낸다. 하나님의 의로움을 나타내는 율법은 하나님처럼 영원하며 변하지 않는다. 시편 40편은 이 율법을 그리스도와 연관 지어서 말한다.

> 그 때에 내가 말하기를 내가 왔나이다 나를 가리켜 기록한 것이 두루마리 책에 있나이다 나의 하나님이여 내가 주의 뜻 행하기를 즐기오니 주의 법이 나의 심중에 있나이다 하였나이다 시 40:7-8

언약궤 안에 있는 돌판은 그의 마음에 하나님의 법을 가지고 있어서 그분의 의로운 율법으로부터 한 치도 벗어남이 없는 그리스도를 의미한다.

하나님은 그 돌판을 처음에 이스라엘에게 주셨다. 그러나 모세가 그 돌판을 받아서 산 아래로 내려왔을 때, 이스라엘은 이미 우상숭배로 첫 계명을 어긴 상태였다. 모세는 분노하여 돌판을 깨뜨려 버렸다.

모세가 다시 산에 올라갔을 때, 하나님은 그에게 "처음 것과 같은 돌판 두 개를 준비하라. 그 위에 내 손으로 쓰리라"라고 말씀하셨다. 그런데 하나님은 두 번째 돌판을 이스라엘에게 보여 주는 것을 허락하지 않으시고, 언약궤에 넣어 두라고 하셨다. 그리고 언약궤는 시은좌로 덮어 버렸다. 그때부터 언약궤의 뚜껑을 여는 것은 사형에 해당하는 죄가 되었다. 그렇게 스스로의 힘으로 율법을 지키려는 인간의 노력은 끝났다.

인간은 한 번 시도했지만, 율법이 산에서 내려오기도 전에 실패했다. 그래서 하나님은 다른 길을 만드셨다. 이제 인간이 율법을 지키는 것이 아니라, 마음에 율법을 가지고 인간 안에 계시는 그리스도만이 의롭게 되는 유일한 길이다.

언약궤는 우리 안에 있고, 율법은 언약궤 안에 있다. 그리스도는 언약궤이시다. 히브리서는 마음에 율법을 품고 우리 안에 계신 그리스도에 대한 진리를 보여 준다.

> 그들의 잘못을 지적하여 말씀하시되 주께서 이르시되 볼지어다 날이 이르니 내가 이스라엘 집과 유다 집과 더불어 새 언약을 맺으리라 또 주께서 이르시기를 이 언약은 내가 그들의 열조의 손을 잡고 애굽 땅에서 인도하여 내던 날에 그들과 맺은 언약과 같지 아니하도다 그들은 내 언약 안에 머물러 있지 아니하므로 내가 그들을 돌보지 아니하였노라 히 8:8-9

언약이 완전하게 체결되기도 전에 이스라엘이 깨뜨렸기 때문에 그것은 보류되었다.

또 주께서 이르시되 그 날 후에 내가 이스라엘 집과 맺을 언약은 이것이니 내 법을 그들의 생각에 두고 그들의 마음에 이것을 기록하리라 나는 그들에게 하나님이 되고 그들은 내게 백성이 되리라 히 8:10

하나님의 백성이 되기 위해서는 그분의 율법을 소유해야 한다. 우리는 그것을 두 돌판에 새겨 벽에 걸어 두는 것이 아니라 마음에 새겨야 한다. 이것이 우리로 하여금 하나님의 백성이 되게 한다. 바울은 다음과 같이 말했다.

유대인들에게 내가 유대인과 같이 된 것은 … 율법 아래 있는 자들에게는 … 율법 아래 있는 자 같이 된 것은 … 율법 없는 자에게는 내가 하나님께는 율법 없는 자가 아니요 도리어 그리스도의 율법 아래에 있는 자이나 율법 없는 자와 같이 된 것은 … 고전 9:20-21

이 구절은 사실 제대로 번역된 것은 아니다. 사도 바울이 뜻한 것은 이것이다. "그리스도는 나를 위하여 율법을 지키시는 자이기 때문에 나는 그리스도 안에서 율법 안에 있다. 그리스도께서 나의 마음을 다스리실 때, 하나님의 율법이 내 마음에 있는 그리스도를 통해 나의 마음 안에서 다스린다. 그러나 율법을 지키는 것은 내가 아니다. 내 마음 안에서 율법대로 사시는 분은 그리스도이시다. 나는 전적으로 그리스도께 의존하고 있다. 내 안에 있는 그리스도는 영광의 소망(골 1:27)이시다."

만나를 담은 금항아리

이어서 이스라엘 백성들이 광야에서 지낼 때에 하나님께서 공급해 주신 만나를 담은 금항아리를 살펴보자. 요한은 예수님의 말씀을 인용하면서 만나에 대해 다음과 같이 말했다.

> 내가 곧 생명의 떡이니라 너희 조상들은 광야에서 만나를 먹었어도 죽었거니와 이는 하늘에서 내려오는 떡이니 사람으로 하여금 먹고 죽지 아니하게 하는 것이니라 요 6:48-50

그리스도께서는 매우 분명하게 "내가 참 만나이다. 하늘에서 내려온 참 떡이다"라고 말씀하셨다. 그리고 나중에는 다음과 같이 놀라운 말씀을 하셨다.

> 살아 계신 아버지께서 나를 보내시매 내가 아버지로 말미암아 사는 것 같이 나를 먹는 그 사람도 나로 말미암아 살리라 요 6:57

사실 예수님은 이렇게 말씀하신 것이다. "나는 성부 하나님과 연합함으로 생명을 가지고 있다. 그리고 나를 믿는 자는 내가 성부 하나님과 연합한 것과 같이 나와 연합함으로 생명을 갖게 된다. 그리고 그는 나와의 연합으로 나를 먹게 될 것이다. 나는 그의 마음에 감춰진 만나가 될 것이다. 그리고 그는 그 만나를 매일 먹고 살 것이다."

요한계시록에서 주님은 교회에 속한 모든 자들에게 감춰진 만나를 주겠다고 약속하셨다.

> 귀 있는 자는 성령이 교회들에게 하시는 말씀을 들을지어다 이기는 그에게는 내가 감추었던 만나를 주고 계 2:17

이것이 바로 금항아리에 들어 있는 만나이다. 우리는 만나인 그리스도를 먹고 사는데, 이것이 바로 그분과 우리의 영적인 연합이다. 우리는 그리스도를 먹고, 그리스도께서 하나님과 연합하여 사시는 것처럼 우리도 그분으로 인해 산다. 이것이 그리스도께서 우리 안에서 우리와 영적으로 연합하시는 것이다. 이렇게 그리스도께서 우리 마음에 감춰진 만나가 되시는 것이다.

아론의 싹 난 지팡이

세 번째 물건은 모세가 바로와 그의 술사들 앞에서 기적을 행할 때 사용하던 아론의 싹 난 지팡이다. 광야 생활 중 이스라엘의 지도자들은 유일하게 지성소에 들어갈 수 있는 자격을 가진 대제사장 아론의 권위에 도전하였다. 하나님께서는 "이 문제를 단번에 영원히 해결하겠다. 이스라엘 모든 지파의 지도자들은 지팡이를 내 앞으로 가져오라"라고 하셨다.

지팡이는 각 지파의 권위의 상징이었다. 그들은 각자 자기 지팡이에 이름을 새겼다. 모든 지도자들은 하나님의 지시대로 지팡이를 가져다가 하나님 앞에 두고, 24시간 후에 다시 모였다. 그들이 돌아왔을 때, 열한 개의 지팡이는 원래의 모습 그대로였다. 그러나 열두 번째 지팡이는 24시간 만에 싹이 나고 꽃이 피어 열매를 맺었다. 그 싹이 난 지팡이에는 아론의 이름이 새겨져 있었다. 하나님께서 아론의 권위의 정당성을 입증하신 것이다(민 17:1-10).

오늘날에는 그 지팡이에 아론의 이름이 아니라 예수님의 이름이 새겨져 있다. 하나님께서는 예수님을 죽음에서 일으키심으로 그분의 신성을 입증하셨다. 따라서 지팡이는 하나님의 증명이자 그분의 계시가 되는 것이다. 당신이 정당성을 인정받고 계시를 받으면, 권세를 갖게 되는 것이다.

지금까지 우리는 지성소 안의 모습을 살펴보았다. 언약궤 안에 있는 세 가지는 예배, 교제, 계시를 의미한다. 나는 이 세 가지가 이 순서대로 일어난다고 믿는다. 예배로 나아갈 때에 교제가 일어난다. 예배 없이는 교제도 없다. 하나님은 정당하지 않게 허겁지겁 다가오는 사람과 교제하지 않으신다. 그러나 우리가 예배로 나아가면 교제로 들어가 금 항아리에 들어 있는 감춰진 만나를 먹기 시작한다. 그다음에 예배와 교제를 통해 마음의 계시가 하나님의 의지와 목적과 함께 주어진다. 쉐키나 영광의 빛이 이곳을 비추고 있다.

시은좌(施恩座)

언약궤를 살펴보았으니, 이제는 언약궤를 덮고 있는 시은좌를 살펴보자. 앞에서 말한 것처럼, 언약궤는 그리스도이시다. 그리스도 밖에는 은혜도, 받아주심도, 생명도 없다. 당신이 언약궤 안에 있다면 자비 아래 있는 것이다.

로마서에는 시은좌라는 헬라어 단어가 사용되었지만, 그것은 제대로 번역되지 않았다.

> 그리스도 예수 안에 있는 속량으로 말미암아 하나님의 은혜로 값없이 의롭다 하심을 얻은 자 되었느니라 이 예수를 하나님이 그의 피로써 믿음으로 말미암아 화목제물(이 단어가 헬라어의 시은좌이다)로 세우셨으니
> 롬 3:24-25

그리스도의 속죄, 그분의 희생이 시은좌이다. 바로 여기가 우리 모두가 받을 수도, 지킬 수도 없었던 깨어진 십계명 돌판의 율법을 덮는 장소이다. 이제 그 시은좌는 보좌가 된다.

> 그러므로 우리는 긍휼하심을 받고 때를 따라 돕는 은혜를 얻기 위하여 은혜의 보좌 앞에 담대히 나아갈 것이니라 히 4:16

하나님께서 깨어진 율법을 덮는 그리스도의 속죄 사역 위에, 즉 시은좌에 앉아 계시기 때문에 우리는 은혜의 보좌 앞에 담대하게 나아갈 수 있다.

언약궤 위에는 천상의 피조물인 그룹이 있다. 금을 두들겨서 만든

이 그룹은 언약궤의 양 끝에 무릎을 꿇고, 얼굴은 안쪽으로 마주보며 날개를 펴고 있는데, 서로의 날개가 시은좌 위에 맞닿아 있다. 그런데 여기에서도 예배, 교제, 계시의 세 가지 활동이 드러난다. 시은좌를 덮은 그룹들의 날개는 예배를 상징하며, 서로 마주보고 있는 얼굴은 교제를 나타낸다. 하나님께서는 날개들과 얼굴이 만나는 곳에서 그분의 영광을 계시할 것이라고 말씀하셨다.

> 그룹들은 그 날개를 높이 펴서 그 날개로 속죄소를 덮으며 그 얼굴을 서로 대하여 속죄소를 향하게 하고 속죄소를 궤 위에 얹고 내가 네게 줄 증거판을 궤 속에 넣으라 거기서 내가 너와 만나고 속죄소 위 증거궤 위에 있는 두 그룹 사이에서 내가 이스라엘 자손을 위하여 네게 명령할 모든 일을 네게 이르리라 출 25:20-22

그리스도는 왕과 제사장으로 그의 보좌에 앉아 계신다. 나는 언약궤 안에 있는 생명이 보좌 위의 생명보다 앞서야 한다고 믿는다. 당신으로 하여금 보좌 앞에 나아가게 하는 것은 언약궤 안에 있는 감춰진 생명이다. 예배의 내적 생명 또는 엎드림이 영원한 율법보다 먼저 있어야 한다. 하나님의 율법 앞에 엎드림으로 복종하지 않으면, 그분께 나아갈 수 없다. 우리는 감춰진 만나를 먹는 법을 배워야 한다. 하나님의 계시와 함께 초자연적으로 싹이 난 지팡이를 가지고 있어야 한다.

우리가 언약궤에서 나오면, 시은좌에 올라 보좌에 앉을 수 있다. 예수님은 자신의 보좌를 우리와 공유하기 원하시는데, 여기에는 단계적으로 정해진 길이 있다. 나는 이 단계들 중 어느 것도 우회할 수 없다고 믿는다. 지성소에 이르는 길은 오직 하나다. 이것은 단순하게 그려진 지도와 같아서, 하나님께서 계시하실 때에는 열 살 먹은 아이라도 쉽게 이해할 수 있다.

여기에 내가 지성소에 이르는 '최종 방법'이라고 부르는 것이 있다. 그것은 바로 예배와 친밀한 교제와 하나님으로 먹고 사는 것이다. 그리고 하나님의 권위를 전하는 계시가 있으며, 하나님의 영원한 의의 율법이 우리의 양심에 새겨져 있다. 우리는 그리스도의 죽음을 상징하는 바깥뜰에 있는 놋제단에서 시작한다. 그리고 그리스도의 부활을 상징하는 첫 번째 휘장을 통과하여 우리의 의지와 지성과 감성을 바치는 성소로 들어간다. 그다음에 그리스도의 승천을 상징하는 두 번째 휘장을 통과하여 하나님의 임재 가까이 들어간다. 이때 우리는 예배에 들어간다.

예배는 본질적으로 말이 아니라 자세이다. 우리는 모든 것을 다 한데 섞을 수 있지만, 우선적으로 예배는 찬양이 아니다. 예배는 하나님께 가까이 나아가는 태도이다. 예배는 장막 안에 있던 십계명 돌판과 연결되어 있다. 이것은 변하지도, 꺾이지도, 빗나가지도 않는 하나님의 의로운 율법에 대한 전적인 복종이다. 하나님께 나아가는 공손한 태도이다.

성막에서 하나님께 가까이 나아갈수록 영역은 점진적으로 작아진다. 마지막으로 지성소에서는 완전한 정육면체 안에 있게 되는데, 길이와 너비와 높이가 모두 열 규빗이다. 거기에는 당신의 주의를 끌 만한 것이 하나님 외에 아무것도 없다. 하나님께서 그렇게 계획하셨다.

우리는 대부분 하나님께 나아갈 때에 무언가를 바라며 나아간다. 우리는 복을 바라고, 능력이나 치유를 원한다. 그러나 하나님은 단순히 그분만을 바라며 나아오길 원하신다. 따라서 우리가 오직 하나님만 바라며 그분께 나아갈 때까지는 이곳에 들어가지 못한다. 우리는 하나님으로 하나님께 접근한다. 우리는 하나님 앞에 엎드려 절함으로 그분을 예배한다. 우리는 하나님을 기뻐함으로 그분을 먹고 산다. 그리고 바로 그때 계시가 임한다.

ENTERING THE PRESENCE OF GOD

영의

세 가지 활동인 예배, 교제, 계시는 오직 하나님과의 관계에서만 의미가 있다. 인간의 영은 하나님과 연합하기 전까지는 죽어 있다. 우리의 육과 혼은 하나님과의 직접적인 관계 없이도 활동할 수 있다. 그러나 영은 오직 창조주와 연결됨으로 살아난다. 하나님으로부터 떨어져 있을 때, 당신의 영은 죽어 있고, 어둠 가운데 있으며, 눈은 먼 상태다. 그래서 모든 활동은 오직 하나님과의 관계에서만 의미가 있는 것이다.

Chapter 7

새 언약의 네 가지 복

Chapter 7 　새 언약의 네 가지 복

나는 성막을 모르면 히브리서를 온전히 이해할 수 없다고 확신한다. 왜냐하면 히브리서 전체가 성막과 제사장 제도에 기초하고 있기 때문이다. 심지어 "레위기는 구약의 히브리서"이고 "히브리서는 신약의 레위기"라고 하기도 한다. 히브리서 10장에는 지금까지 우리가 공부한 것이 분명하게 적용되어 있다.

그러므로 형제들아 우리가 예수의 피를 힘입어 성소에 들어갈 담력을 얻었나니 그 길은 우리를 위하여 휘장 가운데로 열어 놓으신 새로운 살 길이요 휘장은 곧 그의 육체니라 또 하나님의 집 다스리는 큰 제사장이 계시매 우리가 마음에 뿌림을 받아 악한 양심으로부터 벗어나고 몸은 맑은 물로 씻음을 받았으니 참 마음과 온전한 믿음으로 하나님께 나아가자 히 10:19-22

이 말씀에서는 새 언약의 네 가지 복과 예배자에게 요구되는 가장 중요한 네 가지 사항을 언급한다. 이번 장에서는 새 언약의 네 가지 복에 대해 상세하게 설명하겠다.

지성소가 열렸다

얼마나 놀라운 특권인가! 우리에게 전능하신 하나님의 즉각적인 임재에 곧장 들어갈 수 있는 길이 있다는 것은 참으로 놀라운 일이다. 그런데 이 길을 가로막는 장애물이 있는데, 바로 인간의 죄악된 육체적 본성이다. 그러나 이것은 다음의 말씀처럼 십자가에서 해결되었다.

> 율법이 육신으로 말미암아 연약하여 할 수 없는 그것을 하나님은 하시나니 곧 죄로 말미암아 자기 아들을 죄 있는 육신의 모양으로 보내어 육신에 죄를 정하사 롬 8:3

율법이 할 수 없었던 이유는 그 안에 잘못된 것이 없기 때문이다. 사도 바울은 율법이 거룩하고 의로우며 선하다고 말했다(롬 7:12). 율법의 모든 계명은 의롭다. 아직도 나는 십계명과 다른 모든 율법을 보면서 "내가 그것들을 행할 것이다"라고 말할 수 있다. 그러나 내 안에서 무언가가 "오, 안 돼. 너는 할 수 없어. 네가 노력할수록 더 크게 실패할

거야!"라고 말한다. 바울은 이것을 다음과 같이 말했다.

> 내가 행하는 것을 내가 알지 못하노니 곧 내가 원하는 것은 행하지 아니하고 도리어 미워하는 것을 행함이라 만일 내가 원하지 아니하는 그것을 행하면 내가 이로써 율법이 선한 것을 시인하노니 이제는 그것을 행하는 자가 내가 아니요 내 속에 거하는 죄니라 … 그러므로 내가 한 법을 깨달았노니 곧 선을 행하기 원하는 나에게 악이 함께 있는 것으로다 롬 7:15-17, 21

내가 율법을 지키려고 노력하는 순간, 악하고 반역적인 나의 본성은 내가 선해지려고 노력할수록 더 악해진다고 주장한다. 나는 이것을 영국 성공회에 다닐 때인 열다섯 살에 알게 되었다. 당시 나는 보다 선한 사람이 되어야겠다고 결심하였다. "내가 견진성사를 받고, 성찬식에 참여하면 더 선해질 거야." 하지만 견진성사를 받은 직후 나의 상황은 최악이었다.

문제는 자기 확신이다. "무릇 사람을 믿으며 육신으로 그의 힘을 삼고 마음이 여호와에게서 떠난 그 사람은 저주를 받을 것이라"(렘 17:5). 당신이 "여기 율법이 있고, 나는 이를 행하고 있다"라고 말하면 자기 자신에게 확신을 두는 것이며, 저주 아래 있는 것이다. "이 율법의 말씀을 실행하지 아니하는 자는 저주를 받을 것이라 할 것이요"(신 27:26).

율법으로 살려고 한다면, 항상 모든 율법을 지켜야 한다. 그렇게 하지 못한다면 헛수고가 된다. 율법 중 하나를 단 한 번이라도 범하면, 영원히 율법을 범한 자가 된다. 율법을 전부 지키지 않으면 하나도 지키지 않은 것이다.

나는 율법이 선하다는 것을 인정한다. 내 안에서는 "그래. 그것이 내가 살아야 할 방식이야"라고 말한다. "내 속사람으로는 하나님의 법을 즐거워하되"(롬 7:22). 하지만 내 안에는 반역자가 있다.

> 내 지체 속에서 한 다른 법이 내 마음의 법과 싸워 내 지체 속에 있는 죄의 법으로 나를 사로잡는 것을 보는도다 롬 7:23

'사로잡는'이라는 단어는 '전쟁 포로'를 의미한다. 바울 사도는 "나는 하나님을 위해 싸우러 나갔는데, 결국 잘못된 편에 서게 되어 하나님을 대적하여 싸웠다. 나는 전쟁 포로가 되었다. 내가 고의적으로 그렇게 한 것이 아니라, 나를 사로잡는 어떤 것이 있다. 나는 이것을 어찌할 수 없다"라고 말한 것이다.

> 오호라 나는 곤고한 사람이로다 이 사망의 몸에서 누가 나를 건져내랴 우리 주 예수 그리스도로 말미암아 하나님께 감사하리로다 그런즉 내 자신이 마음으로는 하나님의 법을 육신으로는 죄의 법을 섬기노라 롬 7:24-25

이 구절은 다음과 같이 해석할 수 있다. "나는 마음으로 하나님의 법을 섬길 수 있다. 하지만, 나의 육체적 본성은 죄의 법의 노예이며, 이것을 바꿀 수가 없다." 그러면 해결책은 무엇인가?

> 율법이 … 할 수 없는 그것을 롬 8:3

율법은 우리의 본성을 변화시킬 수 없다. 율법은 우리에게 무언가를 하라고 말하지만, 그것을 행할 능력을 주지는 못한다.

> 율법이 육신으로 말미암아 연약하여 할 수 없는 그것을 하나님은 하시나니 곧 죄로 말미암아 자기 아들을 죄 있는 육신의 모양으로 보내어 육신에 죄를 정하사 롬 8:3

누구의 육신 안에 있는 죄를 정죄하였는가? 예수 그리스도의 육신 안에 있는 죄다. 하나님은 예수님의 몸 안에 있는 죄를 다루셨다. 예수님의 몸이 속죄제물이 되었다. 그곳이 죄를 단번에 영원히 해결한 장소이다. 우리가 이것을 감사하게 여길 때에 죄의 굴레와 죄책감에서 벗어나 자유하게 된다.

다시 히브리서의 본문으로 돌아가 보자.

> 그 길은 우리를 위하여 휘장 가운데로 열어 놓으신 새로운 살 길이요 휘장은 곧 그의 육체니라 히 10:20

우리의 육체적 본성은 휘장이며, 이것은 예수님의 육체 안에서 십자가에 못 박혔다. 우리는 하나님께 가까이 가기 위해 그 휘장을 통과할 수 없다. 그 휘장이 제거되어야 한다. 우리의 육체적 본성이 제거되어야 하는데, 이것은 그리스도의 육체 안에서 다루어졌다. 예수님의 몸이 우리 죄를 위해 십자가 위에서 찢겼을 때, 그 휘장도 함께 찢어졌다.

성전도 성막과 마찬가지로 바깥뜰, 성소, 지성소로 되어 있다. 성전은 좀 더 튼튼하고 영구적이었다. 지성소는 하나님의 명령에 따라 결코 뚫고 들어갈 수 없는 매우 두꺼운 휘장으로 구분되어 있었다. 그러나 예수님께서 십자가에서 돌아가시는 순간, 지성소를 가리는 휘장에 놀라운 일이 일어났다.

> 예수께서 다시 크게 소리 지르시고 영혼이 떠나시니라 이에 성소 휘장이 위로부터 아래까지 찢어져 둘이 되고 마 27:50-51

이것이 어디에서부터 시작되었는가에 대해 의심해서는 안 된다. 이 일은 하나님으로부터 시작되었다. 휘장은 위에서부터 아래로 찢어졌다. 십자가에 달리신 예수님의 죽음을 통해 지성소로 들어가는 길이 열린 것이다. 하나님께서 십자가에 달리신 예수님의 육체 가운데 정죄하시고, 죄를 사하셨기 때문이다. 그렇게 우리에게 지성소가 열렸다.

예수님의 보혈 안에 있는 담대함

새 언약의 두 번째 복을 알아보기 위해 히브리서 10장을 다시 보자.

> 그러므로 형제들아 우리가 예수의 피를 힘입어 성소에 들어갈 담력을 얻었나니 그 길은 우리를 위하여 휘장 가운데로 열어 놓으신 새로운 살 길이요 히 10:19-20

여기서 담력은 주격이 아니라 목적격이다. 다시 말해서 우리가 감성적인 용기를 갖는 것이 아니라, 절대적이며 논쟁의 여지가 없는 성소에 들어갈 권리를 가짐으로 법적인 담대함이 주어졌다는 것이다. 우리가 담력을 느끼느냐, 못 느끼느냐는 부차적인 것이다. 중요한 것은 이것을 이해하는 것이다. 여기서 '담력'이라는 단어에는 다소 오해의 여지가 있다. 이 담력은 의심의 여지없이 예수님의 보혈을 통해 얻은, 성소에 들어갈 권리를 뜻한다.

레위기에는 대제사장이 일 년에 단 한 번 지성소에 들어가는 날로 지정되어 있는 대속죄일에 대해 기록되어 있다. 오늘날 유대인들은 이날을 '욤 키푸르' Yom Kippur라고 부르는데, 이것은 '덮는 날'이란 뜻이다. 정통 유대인들은 지금도 이날을 금식하며 애통하는 날로 지키고 있다. 히브리서 기자는 10장 전체를 지성소에 들어가는 놀라운 진리를 설명하는 데 할애하였는데, 여기서는 특별히 속죄제의 피에 대해 다루고자 한다.

> 아론은 자기를 위한 속죄제의 수송아지를 드리되 자기와 집안을 위하여 속죄하고 자기를 위한 그 속죄제 수송아지를 잡고 향로를 가져다가 여호와 앞 제단 위에서 피운 불을 그것에 채우고 또 곱게 간 향기로운 향을 두 손에 채워 가지고 휘장 안에 들어가서 레 16:11-12

제단에서 취한 피와 향이 휘장을 통해 통합되어야 한다는 것에 주목하라.

여호와 앞에서 분향하여 향연으로 증거궤 위 속죄소를 가리게 할지니 그리하면 그가 죽지 아니할 것이며 레 16:13

이것은 공허한 종교 의식이 아니라 제사장과 온 백성이 죽고 사는 문제였다. 어느 순간이든 제사장이 용납되지 못하면 온 나라가 하나님 앞에 설 자리를 잃어버렸다. 제사장은 백성들의 대표였다.

그는 또 수송아지의 피를 가져다가 손가락으로 속죄소 동쪽에 뿌리고 또 손가락으로 그 피를 속죄소 앞에 일곱 번 뿌릴 것이며 레 16:14

피를 일곱 번 뿌린 것은 이것이 성령을 통한 것임을 말해 준다. 이와 동일하게, 예수님은 "영원하신 성령으로 말미암아 흠 없는 자기를 하나님께 드리셨다"(히 9:14). 피는 시은좌 앞과 위에 뿌려졌다. 실제로, 성막에는 전체적으로 피의 흔적이 있었다. 피 없이는 지성소에 들어갈 수 없다.
이것은 신약에서도 언급된다. 예수님의 속죄는 지상에서 끝난 것이 아니라 천국에서 완성되었다. 이것은 히브리서에 분명하게 기록되어 있다.

우리가 이 소망을 가지고 있는 것은 영혼의 닻 같아서 튼튼하고 견고하여 휘장 안에 들어가나니 그리로 앞서 가신 예수께서 멜기세덱의 반

차를 따라 영원히 대제사장이 되어 우리를 위하여 들어 가셨느니라 히 6:19-20

여기에서는 지상의 성막을 말하는 것이 아니라 천국에 있는 성막을 말하는 것이다. 예수님께서 휘장 안으로 들어가셨다. 선구자는 뒤에 따라오는 자들을 위해 문을 여는 자인데, 예수님이 바로 우리의 선구자이시다. 그분은 휘장 안으로 들어가셨다.

이어서 히브리서에는 다음과 같이 기록되었다.

그리스도께서는 장래 좋은 일의 대제사장으로 오사 히 9:11

"장래 좋은 일"은 "실제로 성취된 좋은 일"로 번역할 수 있다. 모형과 그림자와 약속과 형식만 있는 율법과 비교해 볼 때, 이것은 실제로 이루어진 것이다.

그리스도께서는 장래 좋은 일의 대제사장으로 오사 손으로 짓지 아니한 것 곧 이 창조에 속하지 아니한 더 크고 온전한 장막으로 말미암아 염소와 송아지의 피로 하지 아니하고 오직 자기의 피로 영원한 속죄를 이루사 단번에 성소에 들어가셨느니라 히 9:11-12

예수님은 자기의 피를 가지고 지성소에 들어가셨다.

그러므로 하늘에 있는 것들의 모형은 이런 것들로써 정결하게 할 필요가 있었으나 하늘에 있는 그것들은 이런 것들보다 더 좋은 제물로 할지니라 히 9:23

하늘에 있는 것들도 정결하게 되어야 하지만, 소와 염소의 피로는 불가능하다.

그리스도께서는 참 것의 그림자인 손으로 만든 성소에 들어가지 아니하시고 바로 그 하늘에 들어가사 이제 우리를 위하여 하나님 앞에 나타나시고 히 9:24

그리스도께서는 어떻게 지성소에 들어가셨는가? 그분의 피를 가지고 들어가셨다. 히브리서 12장을 보면 이것은 더욱 분명해진다.

그러나 너희가 이른 곳은 시온 산과 살아 계신 하나님의 도성인 하늘의 예루살렘과 … 히 12:22

이것은 지상의 예루살렘이 아니다. 우리는 육체가 아닌 성령으로 여기에 들어왔다.

천만 천사와 하늘에 기록된 장자들의 모임과 교회와 만민의 심판자이신 하나님과 및 온전하게 된 의인의 영들과 히 12:22-23

이들은 당신과 나다. 우리의 본부는 하늘에 있다. 어린 양의 생명책에 등록되었는가? 아니면 단순히 교회 교적부에만 올라 있는가? 교적부에 올라 있는 것도 좋지만, 그것만으로는 충분하지 않다.

새 언약의 중보자이신 예수와 및 아벨의 피보다 더 나은 것을 말하는 뿌린 피니라 히 12:24

아벨의 피는 땅에 뿌려졌다. 이 피는 무엇을 부르짖는가? 복수를 부르짖는다. 그러나 예수님의 피는 하늘에 뿌려졌다. 예수님의 피는 무엇을 부르짖는가? 자비를 부르짖는다. 예수님의 피가 하나님의 존전에서 당신을 위해 항상 변호한다는 사실을 믿는가? 이것은 놀라운 진리이다. 만약 그렇지 않다면, 당신은 결코 하늘나라에 들어가지 못할 것이다. 우리의 심판주이신 하나님은 당신을 하늘나라로 데려가지 않으실 것이다. 예수님조차도 자신의 피 없이는 천국에 들어가지 않으셨다. 이것은 하늘에 뿌려진 예수님의 보혈을 통해서만 들어갈 수 있는 유일한 길이다.

새로운 살 길

새 언약의 위대한 세 번째 복은 새로운 살 길이신 예수님이다. 그분은 길이 되신다. 예수님은 진리와 생명이 되신다. 그런데 예수님은 끝까지 길이시다. 예수님께서 들어가신 길이 곧 우리가 가는 길이며, 다른 길은 없다. 이것은 자기 부인, 순종, 희생, 그리고 죽음의 길이다. 이것이 새로운 살 길이다.

> 이를 위하여 너희가 부르심을 받았으니 그리스도도 너희를 위하여 고난을 받으사 너희에게 본을 끼쳐 그 자취를 따라오게 하려 하셨느니라
> 벧전 2:21

예수님의 발자취가 새로운 살 길이다. 예수님을 따르고자 할 때, 첫 걸음은 무엇인가?

> 이에 예수께서 제자들에게 이르시되 누구든지 나를 따라오려거든 자기를 부인하고 자기 십자가를 지고 나를 따를 것이니라 마 16:24

자기 부인은 단순히 사순절에 무언가를 포기하는 것이 아니다. 무언가를 포기하는 것은 좋은 일이다. 그러나 이것이 자기 부인은 아니다. 자기 부인은 자아에게 "NO!"라고 하는 것이다. 자아가 "내가 원한다"라고 할 때, "NO!"라고 할 수 있는 능력이다. 당신이 생각하는 것이 전혀 중요하지 않게 되는 것이다. 여전히 당신의 생각이 중요하다면, 자기를 부인한 것이 아니다. 자아를 부인하는 것은 내면에서 저항하는 늙은 염소에게 "NO!"라고 하는 것이다.

자기 부인은 더러운 죄를 포기하는 것이 아니다. 그것이 필요할 수

도 있지만, 자기 부인은 자아를 부인하는 것이며, 내가 원하고, 생각하고, 느끼는 것이 중요하다고 하며, 세상이 나를 중심으로 돌아간다고 확신하는 '나'를 부인하는 것이다. 예수님을 실제로 따르는 첫걸음은 이 모든 것에 "NO!"라고 하는 것이다. 누군가 십자가를 지겠다고 하면, 자기를 부인하게 하라.

마태복음 26장에서 우리는 자기 부인의 절정을 볼 수 있다.

> 조금 나아가사 얼굴을 땅에 대시고 엎드려 기도하여 이르시되 내 아버지여 만일 할 만하시거든 이 잔을 내게서 지나가게 하옵소서 그러나 나의 원대로 마시옵고 아버지의 원대로 하옵소서 하시고 … 다시 두 번째 나아가 기도하여 이르시되 내 아버지여 만일 내가 마시지 않고는 이 잔이 내게서 지나갈 수 없거든 아버지의 원대로 되기를 원하나이다 하시고 마 26:39, 42

하나님 안에서의 모든 새로운 움직임은 "나의 원대로 마시옵고, 아버지의 원대로 하옵소서"라는 고백으로 시작된다. 예수님은 자기의 뜻을 한 번만 부인하신 것이 아니다. 자기의 뜻과 아버지의 뜻 사이에서 선택해야 할 때마다 그분은 "나의 원대로 마시옵고, 아버지의 원대로 하옵소서"라는 자기 부인을 반복하셨다. 이것이 새로운 살 길이다.

당신이 하나님을 따르기로 마음을 정하면, 기쁨으로 충만해진다. 어려워 보이지만, 자기 부인은 당신을 기쁨으로 채워 준다. 그러나 당신의 마음이 하나님을 따르지 않기로 한다면, 무엇을 보든 불쾌하게 느껴

질 것이다.

> 그러므로 만물이 그를 위하고 또한 그로 말미암은 이가 많은 아들들을 이끌어 영광에 들어가게 하시는 일에 그들의 구원의 창시자를 고난을 통하여 온전하게 하심이 합당하도다 히 2:10

예수님은 고난을 통해 완전해지셨다. 그분은 우리의 지도자이시다. 그러므로 우리도 그분이 완전해지신 방법으로 완전해진다. 그것은 바로 우리의 순종으로 말미암는 고통을 통해서이다. "나의 원대로 마시옵고, 아버지의 원대로 하옵소서!"라고 말하는 것이다. 불순종으로 인한 고통을 통해서가 아니다. 이런 고통은 당신을 정결하게 하지 못하며, 우아하거나 완전하게도 하지 못한다.

> 거룩하게 하시는 이와 거룩하게 함을 입은 자들이 다 한 근원에서 난지라 그러므로 형제라 부르시기를 부끄러워하지 아니하시고 히 2:11

"거룩하게 하시는 이"는 예수님이시고, "거룩하게 함을 입은 자들"은 당신과 나다. 예수님과 당신 그리고 내가 난 "한 근원"은 성부 하나님이시다. 그래서 우리는 모두 성부 하나님에 의해 예수님께서 완전해지신 방법으로 성화되었다. 성화와 성결과 완전으로 인도하는 것이 바로 예수님의 길이다.

그는 육체에 계실 때에 자기를 죽음에서 능히 구원하실 이에게 심한 통곡과 눈물로 간구와 소원을 올렸고 그의 경건하심으로 말미암아 들으심을 얻었느니라 히 5:7

신영역 성경New English Bible은 이 구절을 "그의 겸손한 복종으로 말미암아 들으심을 얻었다"라고 번역했다. 그분의 기도가 들으심을 얻었다. 이것이 하나님께 영으로 나아가는 길이다. 예수님은 완전한 모형이시다. 그분은 경건하심으로 말미암아 들으심을 얻었다. 이것이 왜 숱한 기도가 응답되지 않는가에 대한 근본적인 대답이다. 여러 가지 다른 이유를 말할 수 있지만, 하나님께서는 이것이 가장 중요한 이유라고 내게 말씀하셨다.

당신은 사람들에게 기도 응답의 원리들을 가르칠 수 있다. 하지만 그들의 태도가 잘못되었다면, 그 원리가 작동하지 않을 것이다. 태도가 먼저다. 예수님은 겸손하게 복종하셨기 때문에 들으심을 얻으셨다.

그가 아들이시라도 받으신 고난으로 순종함을 배워서 히 5:8

예수님은 순종의 결과인 고난을 통해 순종이 무엇인지 발견하셨다.

온전하게 되셨은즉 자기에게 순종하는 모든 자에게 영원한 구원의 근원이 되시고 히 5:9

주님이 가신 길이 바로 새로운 살 길이다. 예수님은 하나님이셨고, 하나님이시며, 영원히 하나님이실 것이다. 그리고 그분은 마침내 영원한 사람이 되셨다. 그분이 여전히 사람이시라는 것을 잊지 말라. "하나님은 한 분이시요 또 하나님과 사람 사이에 중보자도 한 분이시니 곧 사람이신 그리스도 예수라"(딤전 2:5).

주님은 자기를 비우셨을 때, 조건부로 비우신 것이 아니라 그냥 비우셨다. 그분은 죽기까지 복종하셨다. 그래서 빌립보서 2장 9절에는 "이러므로 하나님이 그를 지극히 높여 모든 이름 위에 뛰어난 이름을 주셨다"라고 기록되어 있다. 자신을 비웠기 때문에, 그 높은 자리로 돌아갈 길을 얻으셨다.

"이러므로"는 예수님이 지극히 높임을 받으신 것이 그분이 순종하신 결과임을 나타낸다. 그분이 불순종하셨다면 결코 되돌아가지 못하셨을 것이다. 주님은 발전과 성숙과 완성의 완전한 모형이시다. 그분은 순종을 통해 인간으로서 완전해지셔야 했다. 그러면 우리는 어떻게 완전해질 수 있는가? 순종을 통해서다. 신학을 배우기 전에 먼저 순종하라.

우리에게는 위대한 대제사장이 계시다

우리에게 지성소가 열렸다. 우리는 보혈을 통해 지성소에 들어갈 권리를 얻었다. 우리는 새로운 살 길을 통해 지성소에 들어갈 수 있게 되었다. 이제 우리를 위해 거기서 기다리고 계시는 위대한 대제사장이 계신다. 그분은 누구인가? 예수님이시다. 그분은 두 가지 측면에서 우리의 대제사장이시다.

> 지금 우리가 하는 말의 요점은 이러한 대제사장이 우리에게 있다는 것이라 그는 하늘에서 지극히 크신 이의 보좌 우편에 앉으셨으니 성소와 참 장막에서 섬기는 이시라 히 8:1-2

첫째, 그분은 성소와 참 장막에서 섬기시는 분이다. 이스라엘의 제사장들은 상당히 많은 것을 알아야 했다. 그들에게는 지켜야 할 규칙이 상당히 많았다. 짐승을 잡는 법과 간, 다리, 심장, 머리, 가죽을 처리하는 법을 알아야 한다. 또한 제단의 어느 쪽에서 피를 뿌려야 하는지를 알아야 한다. 전체적으로 지켜야 하는 세세한 요구사항은 아주 많다. 그가 지성소에 들어가면, 모든 것을 바르게 한 것이다. 제사장으로서 하나님의 모든 요구사항을 다 지켰기 때문에 들어간 것이다. 이와 같이 예수님께서 모든 것을 바르게 하셨기 때문에 우리가 지성소에 들어갈 수 있는 길이 보장되었다.

둘째, 그는 새 언약의 중보자이시다.

> 이로 말미암아 그는 새 언약의 중보자시니 히 9:15

예수님은 당신과 나의 유익을 위해 성령으로 자신을 희생제사로 드리신다. 주님은 우리가 이 길, 즉 지성소에 나아가기 위해 각 단계에서 요구되는 것을 충실히 행할 때에 우리 안에서 일하신다. 그분은 언약이 당신과 내 안에서 역사하도록 만드시는 분이다. 기본적인 모든 일을 이루시고 하나님께 들어가신 다음, 그분께 순종하는 자들이 지성소에 들어가는 길을 완전하게 만드는 데 필요한 모든 일을 행하신다. 그분은 언약을 중재하신다.

우리는 새 언약의 네 가지 복을 받았다. 첫째, 휘장이 찢어지고 길이 열렸다. 둘째, 우리는 보혈을 통해 객관적이고, 합법적이며, 의문의 여지가 없는 접근권을 얻었다. 셋째, 우리에게는 새로운 살 길이 있다. 이것은 예수님께서 걸어가신 순종, 자기 부인, 희생, 옛 사람의 죽음의 길이다. 예수님은 누구든지 자기 생명을 잃는 자는 얻을 것이라고 하셨다(마 10:39). 여기에서 '생명'이라고 번역된 헬라어는 '혼'Soul이다. 당신은 혼적인 자아를 내려놓고, "NO!"라고 해야 한다. 그러면 지성소로 들어가는 길을 찾을 것이다. 넷째, 우리에게는 무엇이 이루어져야 하는지를 정확하게 아시고, 그것을 완벽하게 행하시는 위대한 대제사장이 계시다.

ENTERING THE PRESENCE OF GOD

예수님은

당신과 나의 유익을 위해 성령으로 자신을 희생제사로 드리신다. 주님은 우리가 이 길, 즉 지성소에 나아가기 위해 각 단계에서 요구되는 것을 충실히 행할 때에 우리 안에서 일하신다. 그분은 언약이 당신과 내 안에서 역사하도록 만드시는 분이다. 기본적인 모든 일을 이루시고 하나님께 들어가신 다음, 그분께 순종하는 자들이 지성소에 들어가는 길을 완전하게 만드는 데 필요한 모든 일을 행하신다. 그분은 언약을 중재하신다.

Chapter 8

참된 예배자의 네 가지 조건

Chapter 8 참된 예배자의 네 가지 조건

이제는 히브리서로 돌아가서 하나님이 예배자에게 요구하시는 가장 중요한 네 가지 조건을 살펴볼 것이다. 이것은 하나님께서 그분을 예배하는 자들에게 허락하신 것을 온전히 누리기 위해 갖추어야 하는 것들이다.

우리가 마음에 뿌림을 받아 악한 양심으로부터 벗어나고 몸은 맑은 물로 씻음을 받았으니 참 마음과 온전한 믿음으로 하나님께 나아가자 히 10:22

진실한 마음

"진실한 마음"은 무엇을 의미하는가? 나는 이것을 진정성, 정직성, 충성심, 전적인 헌신, 거리낌이 전혀 없는 것이라고 생각한다. 이것이 진실한 마음이다.

남편이 진실한 마음으로 아내를 사랑한다면, 전적으로 사랑할 것이다. 어떤 상황에서도 아내에게 충실할 것이다. 나는 오늘날 우리가 회복해야 할 것 중 하나가 '충성심'이라고 생각한다. 안타깝게도 충성은 어느새 시대에 뒤떨어진 말이 되어 버렸다.

제자들이 모두 도망간 상황에서 무엇이 사도 요한으로 하여금 십자가 앞에 서 있게 한 것인가? 신학인가? 전혀 아니다. 그것은 바로 충성심이었다. 무엇이 막달라 마리아로 하여금 그 이른 아침에 무덤에 가게 하였는가? 교리인가? 아니다. 충성심이었다. 그녀는 잔인하게 찢긴 시체에 불과하더라도 주님께 충성하려고 하였다. 그러나 오늘날 그리스도인들에게서는 충성심을 보기가 어렵다. 우리는 예수님께, 그리고 서로에게 충성해야 한다. 이것이 진실한 마음이다.

> 보소서 주께서는 중심이 진실함을 원하시오니 내게 지혜를 은밀히 가르치시리이다 우슬초로 나를 정결하게 하소서 내가 정하리이다 나의 죄를 씻어 주소서 내가 눈보다 희리이다 내게 즐겁고 기쁜 소리를 들려 주시사 주께서 꺾으신 뼈들도 즐거워하게 하소서 주의 얼굴을 내 죄에서 돌이키시고 내 모든 죄악을 지워 주소서 하나님이여 내 속에 정한 마음을 창조하시고 내 안에 정직한 영을 새롭게 하소서 시 51:6-10

경건한 삶을 살았던 다윗은 한 가지 사실을 발견하였다. "주께서는 중심(내적인 부분)이 진실하기를 원하시며, 은밀히(감춰진 부분에서) 내게 지혜를 가르치실 것입니다." 나는 진실함과 지혜가 함께한다고 믿는다. 중심에 진실함이 있을 때까지는 감춰진 지혜를 알 수 없다. 감춰진 지혜는 진지하고, 진실하며, 정직한 마음을 가진 자가 얻는다.

죄가 마음에 들어가면, 그것을 덮어 버리거나 수리하거나 모양을 바꿀 수 없다. 마음을 정결하게 하는 데는 하나님의 특별한 역사가 필요하다. 시편 139편에서 다윗은 하나님의 원수에 관하여 이야기하면서 다음과 같이 말한다.

> 여호와여 내가 주를 미워하는 자들을 미워하지 아니하오며 주를 치러 일어나는 자들을 미워하지 아니하나이까 내가 그들을 심히 미워하니 그들은 나의 원수들이니이다 시 139:21-22

그리스도인이 이렇게 말하는 것이 옳은가? 어떤 사람은 그렇다고 말할 것이고, 누군가는 아니라고 할 것이다. 다윗은 다음과 같이 말한다.

> 하나님이여 나를 살피사 내 마음을 아시며 나를 시험하사 내 뜻을 아옵소서 시 139:23

다윗은 하나님께 이렇게 여쭙고 있었다. "내 안에 하나님의 원수가 있습니까? 내 안에 당신을 대적하는 것이 있는지 살펴주십시오." 당신은 하나님께 이렇게 요청할 수 있는가? 두려워하지 말라. 나는 성도들에게 죄를 자백하도록 권면할 때마다 우리가 자백하는 것들 중 하나님께서 알지 못하시는 것은 아무것도 없다고 말한다. 이것은 분명한 사실이다. 자백은 우리 자신을 위한 것이지, 하나님을 위한 것이 아니다.

내게 무슨 악한 행위가 있나 보시고 나를 영원한 길로 인도하소서 시 139:24

하나님께서 우리를 영원한 길로 인도하시기 전에, 우리 안에 숨어 있는 하나님의 원수들을 뽑아 버리기 위해 우리의 마음을 살피시고 조사하시도록 허락해 드려야 한다. 하나님께서 당신의 마음에 무엇이 있는지 보여 주시고, 그것을 다루시게 하라. 하나님께 있는 그대로 보여 드려야 한다.

이사야서에는 다음과 같이 기록되어 있다.

주께서 이르시되 이 백성이 입으로는 나를 가까이하며 입술로는 나를 공경하나 그들의 마음은 내게서 멀리 떠났나니 그들이 나를 경외함은 사람의 계명으로 가르침을 받았을 뿐이라 사 29:13

이런 것이 바로 마음이 없는 종교다. 입술로는 하나님을 공경하나 마음은 그분에게서 멀리 떠났다. 예수님께서 가장 신랄하게 다루신 것은 바리새인들의 종교적인 죄였는데, 그것은 바로 위선이다. 위선이 무엇인지 아는가? 이 단어는 헬라어의 '연기자'에서 왔다. 종교는 단순하게 연기하는 것이다.

고대의 연기자들은 여러 개의 마스크를 사용하였다. 연기자가 다른 인물을 연기할 때에는 다른 마스크를 썼다. 이처럼 공허한 종교는 단순히 마스크를 선택해서 쓰는 것과 같다. 이것이 교회에 있을 때 종교적인 사람들이 행동하는 방식이다. 그들은 교회에서 목소리까지 달라진다. 기도할 때, 가식적이고 거짓된 목소리를 사용한다.

하나님은 위선자들에게서 진리를 볼 수 있는 능력을 제거해 버렸다고 말씀하신다.

> 그러므로 내가 이 백성 중에 기이한 일 곧 기이하고 가장 기이한 일을 다시 행하리니 그들 중에서 지혜자의 지혜가 없어지고 명철자의 총명이 가려지리라 사 29:14

하나님은 예배자가 위선적이거나 종교적인 행위가 아니라 진실한 마음을 갖기 원하신다. 하나님은 진지한 마음, 충성되고 진실한 마음을 원하신다. 누군가 믿음을 순종으로 번역할 수 있다고 했는데, 나는 충성심으로 번역할 것을 제안한다. 우리는 어떤 대가를 치르더라도 그리스도께 충성해야 한다.

충만한 믿음

참된 예배자에게 요구되는 첫 번째 조건은 진실한 마음이다. 이어서 두 번째는 충만한 믿음이다. 당신은 충만한 믿음을 가지고 있는가? 이것은 노력하거나 분투해야 하는 것인가? 스스로에게 "나는 믿음이 충만한가?"라고 물어봐야 하는가? 아니다. 믿음은 결단이다. 이것이 불신 앙이 첫째가는 죄인 이유이다. 충만한 믿음을 갖는다는 것은 무엇인가? 시편을 보자.

> 그러므로 내가 범사에 모든 주의 법도들을 바르게 여기고 모든 거짓 행위를 미워하나이다 시 119:128

무엇이든 하나님께서 말씀하시는 것은 옳다. 그러므로 하나님께 동의하지 않는 것은 무엇이든 잘못된 것이다. 믿음은 느낌이나 감정이 아니라 결단이다. 나는 하나님께서 말씀하시는 것에 동의하고자 한다.

내가 군대 막사에서 구원받고 성령 세례를 받았을 때, 신학과 교리를 전혀 알지 못했지만 오직 한 가지 사실을 붙잡았다. 그것은 바로 성경이 답을 주는 책이라는 것이었다. 성경은 내게 일어난 일에 대한 답을 주는 책이다.

기본적으로 지적인 논쟁을 벌이는 자들은 결단하려 하지 않는다. 당신이 성경 전체를 이해할 때까지 기다렸다가 믿으려고 한다면, 꽤 오랫동안 기다려야 할 것이다. 예수님을 영접하기 전에 그분에 대한 모든 것을 이해하려고 한다면 한참을 기다려야 할 것이다.

믿음은 그리스도와 성경에 대하여 결단하는 것이다. 나는 그 결단을 하였고, 그렇게 한 것에 대해 하나님께 감사드린다. 나의 마음은 편

안하다. 나는 완전한 내적 평안을 누리고 있다.

하나님 아는 것을 대적하여 높아진 것을 다 무너뜨리고 모든 생각을 사로잡아 그리스도에게 복종하게 하니 고후 10:5

이 구절이 묘사하는 것을 당신이 할 수 있다. 당신 안에는 하나님과 논쟁하도록 훈련된 마음이 있다. 이것은 본성적으로 하나님을 대적한다. "육신의 생각은 하나님과 원수가 되나니"(롬 8:7). 이 원수를 압제하는 것은 당신의 책임이다. 당신은 그 원수에게 말할 자유를 주지 말아야 한다.

오직 믿음으로 구하고 조금도 의심하지 말라 의심하는 자는 마치 바람에 밀려 요동하는 바다 물결 같으니 이런 사람은 무엇이든지 주께 얻기를 생각하지 말라 두 마음을 품어 모든 일에 정함이 없는 자로다 약 1:6-8

두 마음을 품고, 요동하며, 결단하지 못하는 사람은 하나님과 함께 할 수 있는 것이 없다. 지금부터 하나님께서 말씀하시는 것을 옳다고 여기기로 결단하라. 이것이 충만한 믿음이다.
다음의 구절은 주님께서 내게 주신 경고의 말씀이다.

이러므로 하나님이 미혹의 역사를 그들에게 보내사 거짓 것을 믿게 하심은 진리를 믿지 않고 불의를 좋아하는 모든 자들로 하여금 심판을

받게 하려 하심이라 살후 2:11-12

이 구절이 익숙하지 않다면, 아마도 당신은 이 말씀을 보고 깜짝 놀랄 것이다. 이것은 매우 단순하다. 당신이 진리를 믿지 않으면, 거짓을 믿게 될 것이다. 이것이 바로 하와의 선택이었다. 하나님은 그녀에게 진리를 말씀하셨고, 사탄은 거짓을 말했다. 그녀에게는 두 가지 선택권이 있었는데, 그녀는 결국 거짓을 선택했다. 이것이 바로 불신앙이다.

불신앙이란 무엇인가? 거짓을 믿는 것이다. 아무것도 믿지 않는 것이 아니다. 모든 사람은 무언가를 믿는다. 선택은 항상 '하나님을 믿을 것인가? 아니면 사탄을 믿을 것인가?' 둘 중 하나이다. 하나님께서는 당신이 진리를 믿지 않으면, 거짓을 믿는 것으로 알겠다고 말씀하신다.

이 문제를 두고 시간을 낭비하지 말라. 당신에게 편리한 만큼만 믿고, 나머지는 내버려 두지 말라. 불완전한 순종은 불순종이다. 불완전한 믿음은 불신앙이다. 당신은 진리를 받을 수도 있고, 혼미함에 빠질 수도 있다. 하나님의 백성에게는 오직 이 두 가지 선택뿐이다.

악한 양심으로부터 씻겨진 마음

다음으로 요구되는 것은 악한 양심으로부터 씻겨진 마음이다.

그러면 이제 우리가 그의 피로 말미암아 의롭다 하심을 받았으니 더욱 그로 말미암아 진노하심에서 구원을 받을 것이니 롬 5:9

로마서는 우리가 예수님의 보혈로 의롭게 되었다고 말한다. 당신이 나의 가르침에 익숙하다면, 의롭게 되었다는 것이 결코 죄를 짓지 않은 것처럼 되었다는 뜻이라는 것을 알 것이다. 이것은 예수님의 보혈이 우리를 얼마나 의롭게 하였는가를 말해 준다. 더 이상 죄책감은 없다.

그러므로 이제 그리스도 예수 안에 있는 자에게는 결코 정죄함이 없나니 롬 8:1

만일 우리가 우리 죄를 자백하면 그는 미쁘시고 의로우사 우리 죄를 사하시며 우리를 모든 불의에서 깨끗하게 하실 것이요 요일 1:9

사랑하는 자들아 만일 우리 마음이 우리를 책망할 것이 없으면 하나님 앞에서 담대함을 얻고 요일 3:21

내가 나의 마음에 죄악을 품었더라면 주께서 듣지 아니하시리라 시 66:18

당신은 믿음의 자세를 가져야 한다. "나의 모든 죄는 용서되었다. 나는 모든 죄를 고백했고, 하나님께서 모두 용서하셨다. 예수 그리스도의 보혈이 나를 모든 불의로부터 깨끗하게 씻었다. 나는 죄를 전혀 짓지 않은 사람처럼 의롭게 되었다." 당신은 이것을 믿는가? 나는 믿는다. 진정으로 이것을 믿는다.

나는 내 마음에 어떤 종교적 의심이 스며들도록 허락하지 않는다. 나는 하나님이 미쁘시며 의로우시다고 믿는다. 하나님께서 나의 모든 죄를 용서하셨으며, 모든 불의에서 깨끗하게 하셨음을 믿는다. 따라서 나는 하나님의 임재 앞에서 움츠리지 않는다. 흐느껴 울 필요도 없다. 나는 당당하게 걸을 수 있다. "내가 … 너희를 바로 서서 걷게 하였느니라"(레 26:13). 히브리서에서는 이것을 다음과 같이 표현한다.

> 또 그들의 죄와 그들의 불법을 내가 다시 기억하지 아니하리라 하셨으니 히 10:17

하나님은 기억력이 나쁘지 않으시다. 그러나 그분은 위대한 망각자이시다! 여기에는 큰 차이가 있다. 하나님은 잊기로 하신 것 외에는 모두 기억하신다. 하나님이 잊기로 결정하시면, 그것을 더 이상 기억하지 않으신다.

정결한 물로 씻겨진 몸

하나님께 나아가는 데 당신의 몸이 영향을 준다는 것을 알고 있는가?

우리가 마음에 뿌림을 받아 악한 양심으로부터 벗어나고 몸은 맑은 물로 씻음을 받았으니 참 마음과 온전한 믿음으로 하나님께 나아가자 히 10:22

맑은 물로 몸을 씻는다는 것은 무슨 뜻인가? 맑은 물은 무엇인가? 맑은 물은 하나님의 말씀이다. 하나님의 말씀이 어떻게 우리를 정결하게 하는가?

너희가 진리를 순종함으로 너희 영혼을 깨끗하게 하여 벧전 1:22

하나님의 말씀은 성령을 통해 우리를 정결하게 한다. 성령의 사역으로 주어진 말씀은 우리가 그것에 순종할 때에 우리를 정결하게 한다.

주를 향하여 이 소망을 가진 자마다 그의 깨끗하심과 같이 자기를 깨끗하게 하느니라 요일 3:3

성령의 사역으로 주어진 말씀에 순종하라. 그러면 당신은 정결해진다. 얼마나 정결해야 하는가? 예수님께서 정결하신 만큼 정결해야 한다. 하나님께 유일한 표준이 있는데, 그것은 바로 예수님이다.

하나님의 뜻은 이것이니 너희의 거룩함이라 곧 음란을 버리고 각각 거룩함과 존귀함으로 자기의 아내 대할 줄을 알고 살전 4:3-4

당신의 몸은 그릇이며("자기의 아내"를 NKJV는 "자신의 그릇"으로, NIV는 "자신의 몸"으로 번역하였다 - 역자 주), 성경은 그 그릇을 더럽히지 않고, 정결하고 거룩하게 간직하는 법을 아는 것이 하나님의 뜻이라고 말한다.

> 평강의 하나님이 친히 너희를 온전히 거룩하게 하시고 또 너희의 온 영과 혼과 몸이 우리 주 예수 그리스도께서 강림하실 때에 흠 없게 보전되기를 원하노라 살전 5:23

성경은 당신의 몸이 주님 오시는 날에 흠 없게 보전되어야 한다고 말한다. 이것은 완전한 성결이다. 만일 당신의 몸이 흠 없게 보전되지 못한다면, 완전한 성결이 아니다. 하나님의 뜻은 당신이 자신의 몸을 거룩함과 존귀함으로 간직할 줄 아는 것이다.

고린도전서 6장은 몸의 중요성에 대해 다룬다. 대부분의 그리스도인들은 몸을 그다지 중요하게 여기지 않는 태도를 견지해 왔다. 그러나 성경은 그렇게 말하지 않는다. 몸을 경시하는 태도가 성경적이지 않다는 사실을 기억하라.

> 모든 것이 내게 가하나 다 유익한 것이 아니요 모든 것이 내게 가하나 내가 무엇에든지 얽매이지 아니하리라 고전 6:12

아이스크림을 세 개나 먹어도 큰 문제가 되지 않는다. 그러나 그것은 아무 유익이 없다. 아이스크림, 담배, 커피가 우리를 지배하게 해선

안 된다. 레스터 섬롤은 이렇게 말했다. "아침에 일어나서 커피를 마시지 않고는 아무것도 할 수 없는 날이 있는데, 그런 날에는 커피를 마시지 않을 것이다." 이것은 매우 좋은 결정이다. 당신이 어떤 것에 의존적이라면, 이미 그것의 노예가 된 것이다.

> 음식은 배를 위하여 있고 배는 음식을 위하여 있으나 하나님은 이것 저것을 다 폐하시리라 고전 6:13

몸은 배를 위하여 있고, 배는 음식을 위하여 있다. 그러나 둘 다 영원한 것은 아니다. 가지고 있는 동안 즐겨라. 그것은 그리 오래가지 않을 것이다.

> 몸은 음란을 위하여 있지 않고 오직 주를 위하여 있으며 주는 몸을 위하여 계시느니라 고전 6:13

대부분의 그리스도인들은 이 구절의 전반부에 대해서는 "아멘!"이라고 할 것이다. 그런데 몸은 주를 위하여 있고, 주는 몸을 위하여 있다는 말은 무슨 뜻인가?

> 하나님이 주를 다시 살리셨고 또한 그의 권능으로 우리를 다시 살리시리라 너희 몸이 그리스도의 지체인 줄을 알지 못하느냐 고전 6:14-15

그리스도의 지체는 바로 우리의 지체이다. 그리스도께서는 우리의 지체를 가지고 일하실 수밖에 없다.

> 내가 그리스도의 지체를 가지고 창녀의 지체를 만들겠느냐 결코 그럴 수 없느니라 창녀와 합하는 자는 그와 한 몸인 줄을 알지 못하느냐 일렀으되 둘이 한 육체가 된다 하셨나니 주와 합하는 자는 한 영이니라
> 고전 6:15-17

앞에서 우리는 예배를 드릴 때에 사람의 영이 하나님의 영과 연합하는 것에 대해 이야기했다. 그런데 여기서는 창녀와의 관계와 주님과의 영적 관계를 대조하여 설명한다. 주님과 사랑의 관계로 연합한 사람은 영적으로 하나님과 하나이다.

> 음행을 피하라 사람이 범하는 죄마다 몸 밖에 있거니와 음행하는 자는 자기 몸에 죄를 범하느니라 너희 몸은 너희가 하나님께로부터 받은 바 너희 가운데 계신 성령의 전인 줄을 알지 못하느냐 너희는 너희 자신의 것이 아니라 값으로 산 것이 되었으니 그런즉 너희 몸으로 하나님께 영광을 돌리라 고전 6:18-20

성적인 죄는 몸을 더럽힌다. 당신은 당신 자신에게 속한 것이 아니며, 여기에는 당신의 몸도 포함된다. 당신은 하나님의 소유이다. 당신의 몸의 최고의 목적은 성령의 전으로 섬기는 것이다. "지극히 높으신 이는

손으로 지은 곳에 계시지 아니하시나니"(행 7:48). 당신은 성령님께 가장 좋은 교회당을 지어드릴 수 있고, 성령님은 그분의 백성들이 모여 있는 곳에 오실 것이다. 그러나 성령님이 거주하시는 곳은 구속받은 성도들의 몸이다.

> 그러므로 너희는 가서 모든 민족을 제자로 삼아 아버지와 아들과 성령의 이름으로 세례를 베풀고 마 28:19

당신의 삶을 그리스도께 헌신한 후, 당신은 깨끗하게 하는 성화의 물에 들어가 정결케 하는 세례를 받았다. 보혈의 제단 위에서 하나님께 드려진 모든 것은 물로 씻어야 한다. 이것은 육체적으로 깨끗하게 하는 것이 아니라 진정한 의미에서 하나님께 구별되도록 거룩하게 만드는 것이다. 베드로는 "너희가 회개하여 각각 예수 그리스도의 이름으로 세례를 받고"(행 2:38)라고 말했다. 일단 세례를 받으면 당신의 몸을 '산 제사'로 바쳐야 한다. 바울은 다음과 같이 말하였다.

> 그러므로 형제들아 내가 하나님의 모든 자비하심으로 너희를 권하노니 너희 몸을 하나님이 기뻐하시는 거룩한 산 제물로 드리라 이는 너희가 드릴 영적 예배니라 롬 12:1

하나님의 제단 위에 올려질 때에 당신의 몸은 성화된다. 이것이 당신의 몸을 거룩하고 존귀하게 보존하는 방법이다. 몸을 항상 제단에 놓아두라. 예수님은 실제로 바리새인들에게 이렇게 말씀하셨다. "어리석은 자들아, 제물이 제단을 거룩하게 하는 것이 아니라 제단이 제물을 거룩하게 하는 것이다!" 당신의 몸을 하나님의 제단 위에 올려놓으면, 그것이 제단에 있는 한 거룩하다. 하지만 제단에서 옮기면, 성화를 상실하게 된다.

당신의 몸은 당신의 것이 아니다. 당신의 몸은 하나님의 것이다.

그러므로 너희는 죄가 너희 죽을 몸을 지배하지 못하게 하여 몸의 사욕에 순종하지 말고 또한 너희 지체를 불의의 무기로 죄에게 내주지 말고 오직 너희 자신을 죽은 자 가운데서 다시 살아난 자 같이 하나님께 드리며 너희 지체를 의의 무기로 하나님께 드리라 롬 6:12-13

당신의 마음은 악한 양심으로부터 피 뿌림을 받았고, 당신의 몸은 맑은 물로 씻김을 받았다. 그 물은 바로 하나님의 말씀이다. 당신은 성령께서 허락하신 말씀에 순종함으로 자신을 성결하게 한다. 믿음을 갖게 된 후 당신을 거룩하게 하는 첫 행위는 물을 통과하고 그것에 잠김으로 하나님께 자신을 구별하여 드리는 것이다. 그 후에 몸은 하나님을 섬기는 제단 위에서 물과 피로 거룩해진다. 당신은 몸의 모든 지체를 하나님의 도구로 바친다. 그때부터 당신의 몸은 하나님을 위한 그릇이 된다.

이 시대에 예수 그리스도께서 하나님의 뜻을 행하시는 데 사용하실 수 있는 유일한 육체는 당신의 몸이다. 우리의 지체는 그리스도의 지체이다.

ENTERING THE PRESENCE OF GOD

불신앙이란

무엇인가? 거짓을 믿는 것이다. 아무것도 믿지 않는 것이 아니다. 모든 사람은 무언가를 믿는다. 선택은 항상 '하나님을 믿을 것인가? 아니면 사탄을 믿을 것인가?' 둘 중 하나이다. 하나님께서는 당신이 진리를 믿지 않으면, 거짓을 믿는 것으로 알겠다고 말씀하신다.

Chapter 9

예배자의 자세

Chapter 9 예배자의 자세

소위 미동도 없는 예배는 없다. 우리의 몸이 반응하지 않는 예배도 없다. 예배는 매우 역동적이다. 나는 구약의 히브리어와 신약의 헬라어를 다 읽을 수 있는데, 얼마 전에 이 두 가지 언어로 예배를 묘사하는 단어를 모두 살펴보았다. 이 작업을 통해 놀라운 사실을 발견하였고, 그것은 예배에 대한 개념을 완전히 바꿔 버렸다. 예배를 묘사하는 모든 단어는 예외 없이 몸의 부위나 자세를 묘사하고 있었다. 이것에 대해 머리에서 시작해서 아래로 내려가면서 몇 가지 예를 들어보겠다.

머리

창세기 24장에서 아브라함의 종은 이삭의 아내를 구해오라는 명령을 받고 메소포타미아로 갔다. 그 종은 어디로 가야 할지, 누구를 만날지도 몰랐다. 그가 인식하지 못하는 중에 하나님은 그를 아브라함의 형제의 집으로 인도하셨다. 그 종은 자신이 만난 처녀 리브가가 아브라함의 조카라는 것을 알게 되었는데, 성경에는 "이에 그 사람이 머리를 숙여 여호와께 경배하고"(창 24:26)라고 기록되어 있다.

출애굽기에서 모세와 아론은 하나님께서 종이 된 이스라엘을 구하기 위해 내려오셨다는 말을 전하려고 애굽으로 갔다. 모세와 아론의 메시지를 들은 백성들은 다음과 같이 반응하였다. "백성이 믿으며 여호와께서 이스라엘 자손을 찾으시고 그들의 고난을 살피셨다 함을 듣고 머리 숙여 경배하였더라"(출 4:31).

경우에 따라 다소 다를 수 있지만, 머리를 숙이지 않는 상황은 거의 없다. 예를 들어, 아내와 식당에 가서 음식을 먹을 때, 나는 거의 모든 경우에 감사기도를 드린다. 기도할 때마다 무릎을 꿇거나 얼굴을 땅에 대는 것은 불가능하지만, 머리를 숙이는 것은 어디에서나 할 수 있다. 식사기도를 할 때, 머리를 들고 있지 말고 숙이라. 이것은 당신과 하나님의 관계를 완전히 다르게 만든다. 머리를 숙이는 것은 매우 간단하면서도 심오한 행동이다.

손

다윗은 세상에서 가장 위대한 예배자 중 하나이다. 그는 예배할 때 취할 수 있는 손의 자세 두 가지를 가르쳐 주었다. 시편 63편은 아름다운 말로 시작된다.

하나님이여 주는 나의 하나님이시라 내가 간절히 주를 찾되 물이 없어 마르고 황폐한 땅에서 내 영혼이 주를 갈망하며 내 육체가 주를 앙모 하나이다 시 63:1

이 기도를 드릴 때, 다윗은 유다 광야에 있었다. 그는 계속해서 다음과 같이 기도한다.

주의 인자하심이 생명보다 나으므로 내 입술이 주를 찬양할 것이라 이러므로 나의 평생에 주를 송축하며 주의 이름으로 말미암아 나의 손을 들리이다 시 63:3-4

하나님을 예배하는 행위로 손을 높이 드는 것은 성경에 여러 번 나온다. 시편 141편에서 다윗은 손을 드는 자세를 다음과 같이 묘사한다. "나의 기도가 주의 앞에 분향함과 같이 되며 나의 손드는 것이 저녁 제사 같이 되게 하소서"(시 141:2). 향은 이것이 예배에 관한 것임을 말해 준다. 성전에서는 아침 제사와 저녁 제사를 드리는데, 다윗은 두 손을 높이 드는 것을 하루를 마감하는 저녁 제사로 받아 달라고 구하고 있다.

시편 143편에서 다윗은 또 다른 자세를 묘사한다. "주를 향하여 손을 펴고 내 영혼이 마른 땅 같이 주를 사모하나이다 (셀라)"(시 143:6). 하나님을 갈망하는 표현을 주목하라.

나는 이 두 가지 자세에 분명한 차이가 있다고 생각한다. 손을 높이 들 때, 당신은 하나님의 위엄과 주권을 인식하는 것이다. 그리고 두 손을 펼 때는 받을 준비를 하는 것이다.

한 번은 아내와 함께 네덜란드에서 열린 모임에 참석했는데, 참으로 아름다운 예배를 드리는 중에 아내가 하늘을 향해 손을 폈다. 그리고 나에게 "내 손이 너무 무거워서 계속 들고 있을 수가 없어요"라고 말했다. 나는 "하나님께서 당신의 손에 그분의 영광을 올려놓으시는 거예요"라고 말해 주었다.

이처럼 하나님께서는 우리 몸을 다루시는 데 있어서 매우 실제적이시다. 우리는 단지 공중에 떠다니는 영들이 아니다. 우리는 육체를 가지고 매우 실제적으로 사는 존재이다. 따라서 하나님은 예배 중에 우리 몸을 완전히 다스리기 원하신다.

내가 사랑하는 행동이 또 하나 있다. "너희 만민들아 손바닥을 치고 즐거운 소리로 하나님께 외칠지어다"(시 47:1). 손뼉을 칠 때, 우리는 하나님을 예배하는 것이다. 예배는 경직된 자세로 앉아 있는 것이 아니다. 예배는 온몸의 활동이다.

무릎

솔로몬 왕은 성전을 봉헌할 때, 하나님을 향하여 손을 폈다. 하지만 그는 한 걸음 더 나아갔다. 단순히 손만 편 것이 아니라 예배의 다음 단계로 나아갔다.

솔로몬이 여호와의 제단 앞에서 이스라엘의 모든 회중과 마주 서서 그의 손을 펴니라 솔로몬이 일찍이 놋으로 대를 만들었으니 길이가 다섯 규빗이요 너비가 다섯 규빗이요 높이가 세 규빗이라 뜰 가운데에 두었더니 그가 그 위에 서서 이스라엘의 모든 회중 앞에서 무릎을 꿇고 하늘을 향하여 손을 펴고 대하 6:12-13

다니엘서에는 다리오 왕이 아닌 다른 신이나 사람에게 기도하는 자를 사자 굴에 던져 넣겠다는 조서를 발표한 이야기가 나온다. 이에 대한 다니엘의 반응은 다음과 같다.

다니엘이 이 조서에 왕의 도장이 찍힌 것을 알고도 자기 집에 돌아가서는 윗방에 올라가 예루살렘으로 향한 창문을 열고 전에 하던 대로 하루 세 번씩 무릎을 꿇고 기도하며 그의 하나님께 감사하였더라 단 6:10

다니엘은 정기적으로 기도하는 습관이 있었는데, 그는 예루살렘을 향하여 무릎을 꿇었다(지금도 유대인들은 전 세계 어디에 있든지 상관없이 예루살렘을 향하여 기도한다). 솔로몬과 다니엘 모두 무릎을 꿇고 기도했다.
에베소서에서 바울은 다음과 같이 말했다.

이러므로 내가 하늘과 땅에 있는 각 족속에게 이름을 주신 아버지 앞에 무릎을 꿇고 비노니 엡 3:14-15

바울은 기도하고 예배할 때에 무릎을 꿇었다. 무릎을 꿇는 것은 전적인 복종의 행위인데, 이것은 매우 중요하다. 나는 수많은 그리스도인들이 하나님께 전적으로 복종하지 않는 것을 본다. 그들은 자기들이 원하는 것을 하나님께서 하실 때에는 순종하지만, 그들이 원하는 것과 다르게 행하시면 불평하고 논쟁하며 실망한다.

오늘날 우리가 배워야 하는 핵심 단어들 중 하나가 바로 '주권'sovereign이다. 오늘날 이 단어를 자주 듣지 못하는 편이지만, 하나님은 절대적으로 주권적이시다. 나는 이 단어를 이렇게 정의한다. "하나님은 그분이 원하시는 것을, 그분이 원하시는 때에, 그분이 원하시는 방식으로 행하시며, 누구에게도 허락을 받지 않으신다." 이 사실을 빨리 깨닫고 무릎을 꿇을수록, 훨씬 수월하게 승리하는 삶을 살 수 있을 것이다.

하나님은 우리가 그분이 행하셔야 한다고 생각하지 않는 것들을 우리 삶 가운데 행하신다. 우리 중 많은 사람들이 하나님께 대한 불평을 품고 있을 수 있다. 그러나 하나님께 대적하며 중얼거리지 않도록 주의하라.

무릎을 꿇는 것은 예배의 행위이다. 장차 언젠가는 모든 사람이 주님 앞에 무릎을 꿇게 될 것이다. 그러니 지금 바로 행하라.

> 내가 나를 두고 맹세하기를 … 내게 모든 무릎이 꿇겠고 모든 혀가 맹세하리라 하였노라 사 45:23

어느 시점에 하나님은 우주 안에 살아 있는 모든 피조물이 무릎을 꿇어 그분의 전적인 주권을 인정하게 하신다. "모든 무릎이 꿇겠고." 바울은 빌립보서에서 우주가 누구에게 무릎을 꿇어야 할지 알려 준다.

이러므로 하나님이 그를 지극히 높여 모든 이름 위에 뛰어난 이름을 주사 하늘에 있는 자들과 땅에 있는 자들과 땅 아래에 있는 자들로 모든 무릎을 예수의 이름에 꿇게 하시고 빌 2:9-10

엎드림

이번에는 성경에서 가장 많이 등장하는 예배의 자세로, 하나님 앞에 엎드리는 것이다. 이 자세는 특별한 의미를 갖고 있는데, 바로 하나님께 대한 전적인 의존을 뜻한다. "주님 없이 저는 아무것도 할 수 없습니다. 시작조차 하지 못합니다"라는 뜻이다. 존 번연은 다음과 같이 말했다. "엎드린 자는 넘어질까 두려워할 필요가 없다. 낮아진 자는 교만할 수 없다. 하나님은 항상 겸손한 자를 인도하신다."

마룻바닥에 얼굴을 대고 엎드리면, 가장 낮은 자리로 내려간 것이다. 거기에서 나아갈 수 있는 유일한 길은 일어서는 것뿐이다.

창세기 17장에서 하나님은 아브라함에게 나타나셔서 그와 그의 자손의 하나님이 되시고, 지중해 동쪽 끝의 땅을 영원한 소유로 주시겠다는 영원한 언약을 맺으셨다. 하나님은 그에게 다음과 같이 말씀하셨다.

나는 전능한 하나님이라 너는 내 앞에서 행하여 완전하라 내가 내 언약을 나와 너 사이에 두어 너를 크게 번성하게 하리라 하시니 아브람이 엎드렸더니 하나님이 또 그에게 말씀하여 이르시되 창 17:1-3

같은 장의 뒷부분에는 다음과 같은 말씀이 있다.

하나님이 또 아브라함에게 이르시되 네 아내 사래는 이름을 사래라 하지 말고 사라라 하라 내가 그에게 복을 주어 그가 네게 아들을 낳아 주게 하며 내가 그에게 복을 주어 그가 여러 민족의 어머니가 되게 하리니 민족의 여러 왕이 그에게서 나리라 아브라함이 엎드려 웃으며 마음속으로 이르되 백 세 된 사람이 어찌 자식을 낳을까 사라는 구십 세니 어찌 출산하리요 하고 창 17:15-17

참으로 놀라운 일이다! 어떻게 출산할 수 있는 나이를 훨씬 지난 사라에게 이런 말씀을 하실 수 있을까? 그런데 때가 되자 그대로 되었다. 아브라함은 하나님 앞에서 얼굴을 땅에 대고 엎드리는 것에 익숙해졌다. 이런 장면은 창세기 17장에 두 번이나 나온다.

레위기에는 이스라엘 백성들이 하나님 앞에서 얼굴을 땅에 대고 엎드리는 장면이 나온다.

불이 여호와 앞에서 나와 제단 위의 번제물과 기름을 사른지라 온 백성이 이를 보고 소리 지르며 엎드렸더라 레 9:24

사실 이들은 서 있고 싶어도 그럴 수 없었을 것이다. 그들은 바로 하나님의 임재 앞에, 성령님 앞에 있었다. 민수기에는 다음과 같이 기록되어 있다.

> 모세와 아론이 회중 앞을 떠나 회막 문에 이르러 엎드리매 여호와의 영광이 그들에게 나타나며 민 20:6

우리는 성경 전체에서 이런 예를 볼 수 있다. 여호수아는 여호와의 군대장관이 나타났을 때에 엎드렸다(수 5:14). 엘리야가 갈멜산에서 희생제물 위에 불이 떨어지게 했을 때도 "모든 백성이 보고 엎드려 말하되 여호와 그는 하나님이시로다 여호와 그는 하나님이시로다"(왕상 18:39) 하고 외쳤다. 당시 단 한 사람도 서 있을 수 없었다. 이것이 하나님의 임재에 대한 반응이다. 에스겔서의 말씀을 보자.

> 그 사방 광채의 모양은 비 오는 날 구름에 있는 무지개 같으니 이는 여호와의 영광의 형상의 모양이라 내가 보고 엎드려 말씀하시는 이의 음성을 들으니라 겔 1:28

누군가 하나님 앞에서 얼굴을 땅에 대고 엎드려 본 적이 없다면, 그는 하나님께 가까이 가 본 적이 없는 것이다. 성경을 연구해 보면, 진정으로 위대한 인물 중 하나님 앞에서 얼굴을 땅에 대고 엎드리지 않은 사람을 찾기 힘들 것이다. 나는 이 자세를 즐기하는데, 율법적인 태도가 아니라 안전을 위해 그렇게 한다. 나는 하나님 앞에서 얼굴을 땅에 대고 엎드리는 것이 가장 안전하다는 것을 알고 있다. 이것이 위대함에 이르는 길이다. 하나님 앞에서 얼굴을 땅에 대고 엎드리라.

주님 앞에서 춤추기

성경에 묘사된 예배의 자세가 하나 더 있다. 사무엘하에서 다윗은 마침내 블레셋 사람들에게서 언약궤를 취하여 예루살렘으로 가져와 안전하게 모셨다. 그런데 그 과정에서 몇 가지 문제가 있었다. 처음에 언약궤를 운반하던 사람 하나가 죽었는데, 이를 통해 그들은 오직 레위인들만 언약궤를 다룰 수 있다는 중요한 교훈을 얻었다. 마침내 언약궤는 온갖 악기가 동원된 가운데 예루살렘에 안치되었다. 이와 관련하여 성경에는 다음과 같이 기록되었다.

> 다윗이 여호와 앞에서 힘을 다하여 춤을 추는데 그 때에 다윗이 베 에 봇을 입었더라 삼하 6:14

다윗은 용맹스런 사람이었다. 그런 그가 힘을 다하여 춤을 추었을 때, 그의 몸의 모든 근육이 역동적으로 움직였을 것이다. 나는 머릿속으로 그가 펄쩍펄쩍 뛰고, 온 힘을 다해 춤추는 모습을 그려 본다. 이것이 예배다. 당신의 온몸이 해방되기 전까지는 온전히 해방된 것이 아니다. 그런데 이야기는 여기서 끝나지 않는다.

> 다윗이 자기의 가족에게 축복하러 돌아오매 사울의 딸 미갈이 나와서 다윗을 맞으며 이르되 이스라엘 왕이 오늘 어떻게 영화로우신지 방탕한 자가 염치 없이 자기의 몸을 드러내는 것처럼 오늘 그의 신복의 계집종의 눈앞에서 몸을 드러내셨도다 하니 다윗이 미갈에게 이르되 이는 여호와 앞에서 한 것이니라 그가 네 아버지와 그의 온 집을 버리시고 나를 택하사 나를 여호와의 백성 이스라엘의 주권자로 삼으셨으니 내가 여호와 앞에서 뛰놀리라 내가 이보다 더 낮아져서 스스로 천하게 보일지라도 네가 말한 바 계집종에게는 내가 높임을 받으리라 한지라
>
> 삼하 6:20-22

이 본문의 마지막 절은 다음과 같이 끝난다.

> 그러므로 사울의 딸 미갈이 죽는 날까지 그에게 자식이 없으니라 삼하 6:23

이 모든 것은 오직 다윗이 하나님 앞에서 춤추는 것을 비난했기 때문에 일어난 일이었다. 이것은 참으로 슬픈 일이다. 주님을 기뻐하는 사람들을 비난하는 것은 매우 위험한 일이다. 그들은 능숙하지 않을 수도 있고, 훌륭한 교육을 받지 못했을 수도 있다. 하지만 하나님께서 그

춤을 좋아하신다. 하나님은 우리가 그분을 기뻐하기 원하신다. 그러니 함부로 판단하지 않도록 주의하라.

온몸으로 하나님을 예배하는 것이 중요하다. 예수님은 우리가 영과 진리로 예배해야 한다고 하셨다. 바울은 "너희 온 영과 혼과 몸이 우리 주 예수 그리스도께서 강림하실 때에 흠 없게 보전되기를 원하노라"(살전 5:23)라고 말했다. 당신은 전 인격으로 하나님과 연합해야 하며, 하나님께서 원하시는 방법으로 그분께 응답해야 한다.

예배의
물질적 측면

물질적 측면에서 하나님을 예배하는 방법은 봉헌이다. 하나님은 우리의 돈을 거룩하게 보시며, 또 예배 중에 우리의 돈을 그분께 드리기 원하신다. 이것이 없으면 우리의 예배는 불완전한 것이다.

출애굽기에서 하나님은 이스라엘의 모든 남자가 일 년에 세 차례 예루살렘 성전에 나아가서 예배드리고, 하나님 앞에서 즐거워하도록 규정해 주셨다.

> 너는 매년 세 번 내게 절기를 지킬지니라 너는 무교병의 절기를 지키라 내가 네게 명령한 대로 아빕월의 정한 때에 이레 동안 무교병을 먹을지니 이는 그 달에 네가 애굽에서 나왔음이라 빈 손으로 내 앞에 나오지

말지니라 출 23:14-15

이것은 성전 예배 규정의 일부이다. 그들은 하나님께서 정하신 때에, 하나님께서 정하신 방법으로 그분께 나아가야 했으며, 누구도 하나님께 빈손으로 나가서는 안 되었다. 절기를 지키고, 예배를 드리기 위해서는 헌물이 필요했다.

시편 96편에는 다음과 같이 기록되어 있다.

여호와의 이름에 합당한 영광을 그에게 돌릴지어다 예물을 들고 그의 궁정에 들어갈지어다 아름답고 거룩한 것으로 여호와께 예배할지어다 온 땅이여 그 앞에서 떨지어다 시 96:8-9

다시 말해서, 헌물 없이는 오지 말라는 뜻이다. 본문을 통해 헌물에 대한 세 가지 중요한 사실을 알 수 있다. 첫째, 헌물은 하나님께 영광을 돌린다. 시편 기자는 "여호와의 이름에 합당한 영광을 그에게 돌릴지어다. 예물을 드려라"라고 말한다. 어떻게 하나님께 영광을 돌릴 수 있는가? 예물을 드림으로 할 수 있다.

또 시편 기자는 이렇게 말한다. "예물을 들고 그의 궁정에 들어갈지어다." 우리는 예물을 드림으로 하나님의 궁정에 들어갈 수 있다. 예물을 들고 가지 않는다면, 하나님께 나아가겠다고 주장할 권리가 없다. 출애굽기의 말씀을 기억하라. "빈 손으로 내 앞에 나오지 말지니라"(출 23:15). 하나님 앞에 나가기 원하고, 그분의 궁정에 들어가기 원한다면,

예물을 가지고 와야 한다.

셋째, 아름답고 거룩한 것으로 여호와께 예배해야 한다(시 96:9). 우리는 이 말씀 그대로 하나님을 예배해야 한다.

헌물을 드리는 것은 하나님께서 정하신 예배의 한 부분이다. 헌물을 드리지 않으면 완전한 예배가 아니다. 우리의 돈을 하나님께 드릴 때, 삶의 매우 중요한 부분을 드리는 것이다.

우리는 삶의 거의 대부분을 수입을 창출하는 일에 투자하고 있다. 따라서 수입의 일정 부분을 하나님께 드릴 때, 참으로 우리 자신을 하나님께 드리는 것이다. 실제로 우리의 시간과 힘과 재능을 드리는 것이다. 우리 자신만큼 하나님께 드릴 거룩한 것은 없다. 하나님은 우리에게 말씀하신다. "네가 나의 궁정에 들어오고 싶다면, 내 앞에 나타나고 싶다면, 내게 영광을 돌리고 싶다면, 거룩한 것으로 나를 예배하고 싶다면, 헌물을 가지고 오라." 그러므로 헌물과 예배와 거룩은 모두 당신의 삶을 향한 하나님의 계획과 밀접하게 연관되어 있다.

하나님은 장부를
기록하고 계신다

여기에 대부분의 하나님의 백성들이 온전히 이해하지 못하고 있는 것이 하나 있다. 그것은 하나님께서 우리가 드리는 헌물을 장부에 기록하고 계신다는 것이다.

민수기 7장은 89절이나 되는 긴 장인데, 대부분이 이스라엘 열두 지파의 지휘관들과 지도자들이 하나님께 드린 예물에 관한 것이다. 각 지파는 완전히 동일한 예물을 드렸는데, 놀라운 것은 각 지파가 드린 동일한 예물을 항목별로 자세하게 기록하고 있다는 것이다. 하나님은 간단하게 "두 번째 지휘관은 첫 번째 지휘관과 동일하게 드렸다"라고 말씀하지 않으신다. 성경은 각 지휘관이 드린 품목을 일일이 기록하고 있다.

사실 성경은 매우 실용적인 책이라 지면을 낭비하지 않는다. 그런데도 하나님께서 이렇게 하신 것은, 우리가 하나님께 드리는 것을 그분이 얼마나 세심하게 기록하시는지를 보여 주기 위한 것이라고 할 수 있다. 첫 번째 지휘관이 바친 예물의 목록은 다음과 같다.

제단에 기름을 바르던 날에 지휘관들이 제단의 봉헌을 위하여 헌물을 가져다가 그 헌물을 제단 앞에 드리니라 여호와께서 모세에게 이르시기를 지휘관들은 하루 한 사람씩 제단의 봉헌물을 드릴지니라 하셨더라 첫째 날에 헌물을 드린 자는 유다 지파 암미나답의 아들 나손이라 그의 헌물은 성소의 세겔로 백삼십 세겔 무게의 은반 하나와 칠십 세겔 무게의 은 바리 하나라 이 두 그릇에는 소제물로 기름 섞은 고운 가루를 채웠고 또 열 세겔 무게의 금 그릇 하나라 그것에는 향을 채웠고 또 번제물로 수송아지 한 마리와 숫양 한 마리와 일 년 된 어린 숫양 한 마리이며 속죄제물로 숫염소 한 마리이며 화목제물로 소 두 마리와 숫양 다섯 마리와 숫염소 다섯 마리와 일 년 된 어린 숫양 다섯 마리라

이는 암미나답의 아들 나손의 헌물이었더라 민 7:10-17

하나님은 각 지도자가 드린 예물의 목록을 매우 자세하게 기록하셨고, 이것을 성경에 보존해 놓으셨다. 그러나 이 기록은 고대의 의식을 위한 것만은 아니다.

마가복음에서 예수님은 헌금하는 사람들을 유심히 지켜보셨다.

예수께서 헌금함을 대하여 앉으사 무리가 어떻게 헌금함에 돈 넣는가를 보실새 여러 부자는 많이 넣는데 한 가난한 과부는 와서 두 렙돈 곧 한 고드란트를 넣는지라 예수께서 제자들을 불러다가 이르시되 내가 진실로 너희에게 이르노니 이 가난한 과부는 헌금함에 넣는 모든 사람보다 많이 넣었도다 그들은 다 그 풍족한 중에서 넣었거니와 이 과부는 그 가난한 중에서 자기의 모든 소유 곧 생활비 전부를 넣었느니라 하시니라 막 12:41-44

이 본문과 관련해서 몇 가지를 살펴보자. 첫째, 예수님께서는 헌금하는 사람들을 관찰하시고, 그들이 드리는 것의 가치를 평가하셨다. 둘째, 하나님께서는 우리가 드린 것을 (그분께 드린 후에) 우리가 간직하고 있는 것으로 평가하신다. 예수님은 헌금함에 가장 적게 넣은 사람을 가장 많이 넣었다고 하셨다. 왜냐하면 그녀는 아무것도 남겨두지 않았기 때문이다. 하나님께서 당신이 드리는 것을 평가하실 때에는 당신이 (그분께 드린 후에) 얼마나 간직하고 있는지 보신다는 것을 기억하라.

마지막으로 언젠가 우리 각자는 하나님께 보고해야 한다. "이러므로 우리 각 사람이 자기 일을 하나님께 직고하리라"(롬 14:12). 이것이 우리의 미래이다. 여기서 '직고하리라'shall give account라는 말의 헬라어 원어의 뜻은 (오직 경제적인 보고를 의미하는 것은 아니지만) 우선적으로 경제적인 보고를 드린다는 뜻이다. 성경에 의하면, 우리 각자는 하나님께 경제적인 보고를 드리게 될 것이다.

하나님은 우리의 돈을 필요로 하지 않으신다. 하지만, 돈에 대한 우리의 태도가 하나님에 대한 우리의 태도를 보여 준다는 것을 알고 계신다. 예수님은 다음과 같이 말씀하셨다.

> 한 사람이 두 주인을 섬기지 못할 것이니 혹 이를 미워하고 저를 사랑하거나 혹 이를 중히 여기고 저를 경히 여김이라 너희가 하나님과 재물을 겸하여 섬기지 못하느니라 마 6:24

우리는 선택에 직면해 있다. 우리가 하나님을 섬기면, 맘몬을 섬기지 않는다. 맘몬은 돈을 향한 사람들의 태도를 통해 그들을 조종하고 속이는 영적 세력이다. 하나님을 향한 우리의 태도가 바르다면, 돈에 대한 자세도 바를 것이다. 우리가 하나님을 의지하고 붙잡고 있다면, 그분을 경배한다면, 맘몬을 무시할 것이며, 악한 사탄의 힘이 우리를 지배하지 못하게 할 것이다. 우리는 하나님을 사랑하거나 맘몬을 사랑한다. 다른 가능성은 없다.

예배는 오직 하나님께 드린다. 우리는 사람을 칭찬할 수 있고, 사람에게 감사할 수 있다. 그러나 그 누구도 예배하지 않으며, 오직 하나님께만 예배한다. 예배는 다음과 같이 고백하는 독특한 행동이다. "하나님, 당신은 우리의 하나님이십니다. 우리는 단순히 일어서서 당신을 예배한다고 말하지 않습니다. 우리는 무릎을 꿇고, 손을 펴고, 고개를 숙이고, 얼굴을 땅에 대고 엎드려 당신을 예배하되, 우리의 전 존재와 모든 소유로 예배합니다." 우리 주 하나님을 예배하는 것은 우리의 전 존재를 포함한다.

ENTERING THE PRESENCE OF GOD

"하나님은

그분이 원하시는 것을, 그분이 원하시는 때에, 그분이 원하시는 방식으로 행하시며, 누구에게도 허락을 받지 않으신다." 이 사실을 빨리 깨닫고 무릎을 꿇을수록, 훨씬 수월하게 승리하는 삶을 살 수 있을 것이다.

Chapter 10

예배의 필연성

Chapter 10 예배의 필연성

궁극적으로 인간의 선택은 "예배할 것인가, 말 것인가"가 아니라 "누구를 예배할 것인가"의 문제이다. 이것은 십계명에 해당하는 것으로, 시내산에서 하나님이 모세에게 하신 말씀에 분명하게 진술되어 있다.

하나님이 이 모든 말씀으로 말씀하여 이르시되 나는 너를 애굽 땅, 종 되었던 집에서 인도하여 낸 네 하나님 여호와니라 너는 나 외에는 다른 신들을 네게 두지 말라 너를 위하여 새긴 우상을 만들지 말고 또 위로 하늘에 있는 것이나 아래로 땅에 있는 것이나 땅 아래 물 속에 있는 것의 어떤 형상도 만들지 말며 그것들에게 절하지 말며 그것들을 섬기지 말라 나 네 하나님 여호와는 질투하는 하나님인즉 나를 미워하는 자의 죄를 갚되 아버지로부터 아들에게로 삼사 대까지 이르게 하거니와 출 20:1-5

이 말씀에는 우리가 기억해야 할 중요한 몇 가지가 있다. 첫째, 하나님은 예배를 누구와도, 어떤 것과도 공유하지 않으실 것이다. 우리는 하나님 한 분만 예배하고, 그분만이 예배를 받으실 수 있다. 하나님 외에는 그 누구도, 그 무엇도 예배의 대상이 될 수 없다.

둘째, 머리를 숙여 절하는 것은 항상 예배를 나타낸다는 점이다. 하나님은 금지된 우상들을 지적하시면서 그것들에게 절하지 말라고 하셨다(출 20:5). 머리를 숙여 절하는 것과 예배하는 것은 비슷한 말이다.

셋째, 잘못된 예배의 결과가 후손들에게까지 영향을 미친다는 것이다. 하나님은 조상들의 죄에 대해 그 자손의 삼사 대까지 벌하겠다고 하셨다. 하나님이 아닌 다른 신들을 예배하는 것은 다른 죄들과는 달리 유일하게 대를 이어 벌하실 정도로 하나님이 미워하시는 죄다. 하나님은 우상숭배 하는 자들의 후손은 삼사 대까지 그 결과가 미칠 것이라고 하셨다.

소제

레위기는 제사에 대하여 가르친다. 그런데 구약의 많은 관습들과 마찬가지로, 제사들은 영적인 영역, 특별히 예배와 연관되어 있다.

누구든지 소제의 예물을 여호와께 드리려거든 고운 가루로 예물을 삼아 그 위에 기름을 붓고 또 그 위에 유향을 놓아 레 2:1

이 소제물은 음식이나 아주 곱게 간 가루여야 한다. 앞에서 언급한 대로, 이것은 우리의 삶을 하나님께 제물로 드리는 것의 모형이다. 하나님은 모든 것을 그분의 뜻에 대한 저항이나 반대 없이 다루기 원하신다.

우리의 삶을 하나님께 드릴 때, 우리가 취해야 하는 두 가지 비유적인 행동이 있다. 우리는 그 위에 기름을 부어야 하고, 유향을 올려놓아야 한다. 성경에서 기름은 거의 예외 없이 성령을 의미한다. 성령께서 도우시지 않으면, 우리는 아무것도 하나님께 드릴 수 없다.

유향은 나무에서 나오는 향이 나는 고무이다. 이것은 자연적인 상태로 있을 때는 특별한 매력이 없는 흰색 액체이다. 그러나 불에 태우면 예배를 상징하는 아름답고 특별한 향을 뿜어 낸다. 사실 성경에서 향료, 향기, 향을 묘사하는 단어들은 대부분 예배를 나타낸다.

따라서 우리 자신을 하나님께 드릴 때, 성령에 의해 드려야 하며, 예배와 함께 드려야 한다.

> 아론의 자손 제사장들에게로 가져갈 것이요 제사장은 그 고운 가루 한 움큼과 기름과 그 모든 유향을 가져다가 기념물로 제단 위에서 불사를 지니 이는 화제라 여호와께 향기로운 냄새니라 레 2:2

제사를 드리려면 제사장이 있어야 한다. 그는 제물을 태우는 불에 약간의 가루와 기름을 던져야 한다. 그러나 이때 한 가지 중요한 요소가 있는데, 바로 유향을 포함시켜야 한다는 것이다. 예배(유향)는 오직 주 하나님께 드려진다. 예배를 드리기 위해 다른 누구도 아닌 주 하나님께 드리는 것이다.

　나는 이것이 헌신된 그리스도인들이 배워야 할 교훈이라고 믿는다. 최근 수십 년 사이 잘 알려진 교계의 인사들이 재앙과 수치스러운 일로 무너지는 것을 보았다. 나는 그 이유가 그들이 추종자들로 하여금 유향의 일부를 자신에게 바치도록 했기 때문이라고 생각한다.

　설교자로서 나는 결코 유향을 원치 않는다. 종종 사람들은 내게 아첨하는 말로 다가오는데, 나는 일단 그것을 고맙게 여긴다. 하지만 예배는 오직 한 분, 하나님께 드려야 한다. 우리가 예배하는 대상이 바로 우리의 신이 된다는 것을 기억하라. 설교자를 숭배하면, 그를 우리의 신으로 만드는 것이다. 이것은 참으로 두렵고 떨리는 일이다.

예배와 섬김

　예배와 관련된 성경의 말씀들을 보면, 예배가 필연적으로 섬김으로 이어진다는 것을 알 수 있다. 무엇을 예배하든, 우리는 궁극적으로 그것을 섬기게 된다. 이것은 사탄이 예수님께 엎드려 자신을 경배하라고 시험할 때에 나눈 대화에서 매우 분명하게 드러난다.

　마귀가 또 그를 데리고 지극히 높은 산으로 가서 천하 만국과 그 영광을 보여 이르되 만일 내게 엎드려 경배하면 이 모든 것을 네게 주리라

> 이에 예수께서 말씀하시되 사탄아 물러가라 기록되었으되 주 너의 하나님께 경배하고 다만 그를 섬기라 하였느니라 마 4:8-10

여기서 순서를 주목하라. 예배가 먼저이고, 그다음이 섬김이다. 수많은 그리스도인들이 이 순서를 바꾸려고 하는데, 그렇게 되지 않는다. 예배 없는 섬김은 같은 것이 아니다.

그런데 여기에는 기능적인 연관이 있다. 우리가 누군가 또는 무언가를 예배하면 할수록 우리 삶에 분명하게 나타나는 결과는 다음과 같다. 첫째, 그 사람이나 물건에 대한 우리의 헌신이 완전해진다. 둘째, 우리는 그 사람이나 물건의 정체성을 더욱 선명하게 갖게 된다. 예배는 궁극적으로 헌신과 동일시된다. 그래서 예배는 궁극적인 결단이며, 누구도 이것을 피할 수 없다. 우리는 처음부터 예배하는 자로 지음 받았으며, 스스로 이 본성을 바꿀 수 없다. 우리가 할 수 있는 것은 그 대상을 하나님에서 거짓 신으로 바꾸는 것뿐이다.

인간이 보편적으로 섬기는 거짓 신은 다음과 같다. 첫째는 실제적인 우상이다. 우리는 전 세계의 모든 문화에서 나무나 돌로 만들어진 우상을 발견할 수 있다. 이러한 것들을 섬기는 것을 우리는 우상숭배라고 한다.

둘째, 사람들은 종종 자신의 육체적 욕망과 쾌락을 예배한다. 그리고 이것이 그들의 우상이 된다. 이렇듯 쾌락을 숭배하는 것을 쾌락주의라고 한다.

셋째는 돈과 물질적 소유이다. 오늘날 전 세계의 수많은 사람들이 돈을 신격화하고 있다. 성경은 이런 형태의 우상을 탐욕이라고 부른다.

넷째, 사람들은 히틀러나 레닌 같은 정치 지도자를 우상화한다. 성경과 하나님을 거절한 사람들이 예배의 대상을 인간으로 대체하게 된다는 것은 매우 흥미로운 일이다.

마지막으로, 수많은 사교와 거짓된 종교적 이념을 창시한 사람들이 있다. 남미 가이아나의 존스타운(제임스 워렌 존스가 자신의 왕국을 세운 곳으로, 909명의 신도에게 청산가리를 탄 음료를 먹여 집단 학살하였다 – 역자 주), 텍사스주 와코(데이빗 코레쉬가 신도들과 거주하던 곳으로, 72주 동안 FBI와 대치하다가 82명의 추종자가 죽었다 – 역자 주) 같은 비극적인 사건들은 거짓된 사교의 지도자를 숭배한 결과이다.

예배와
마지막 때

이런 유형의 거짓 예배의 공통점은 무엇인가? 그들은 결국 추종자들을 사탄에게 인도한다. 독특하게도 사탄은 하나님과 동등됨을 주장하기 때문에 예배를 원한다. 앞에서 나는 예배가 오직 하나님께 속한 것이라고 말했다. 따라서 사탄이 예배를 받을 수 있으면, 하나님과 동등하다는 그의 주장을 확인하는 셈이 된다. 이것이 바로 사탄이 타락하게 된 이유이다. 이사야서에는 다음과 같이 기록되어 있다. "너 아침의 아들 계명성이여 어찌 그리 하늘에서 떨어졌으며 너 열국을 엎은 자여 어찌 그리 땅에 찍혔는고"(사 14:12). 계명성과 루시퍼(NKJV에는 "O Lucifer, son of the morning"라고 되어 있는데, "Son of the morning"이 우리말 성경에는 "계명성"으로 번역되었다 – 역자 주)는 사탄의 다른 이름이다.

이어지는 구절에서 이사야는 사탄의 숨은 내적 동기를 드러내며, 이것이 그로 하여금 하나님께 반역하게 만들었음을 보여 준다.

> 네가 네 마음에 이르기를 내가 하늘에 올라 하나님의 뭇 별 위에 내 자리를 높이리라 내가 북극 집회의 산 위에 앉으리라 가장 높은 구름에 올라가 지극히 높은 이와 같아지리라 하는도다 사 14:13-14

여러 번 반복되는 "내가 ~하리라"라는 문구를 주목하라. 이것이 사탄의 반역의 본질이다. 그는 하나님의 뜻에 대항하고 있다. 그리고 마지막 문구에서 사탄의 궁극적인 야망을 볼 수 있다. "내가 … 지극히 높은 자와 같아지리라." 다시 말하지만 하나님과 동등해지는 것이 사탄의 궁극적인 목표이다. 그리고 그 주장을 확증하는 한 가지가 바로 예배를 받는 것인데, 그렇게 되면 자신을 하나님과 동일시할 수 있기 때문이다.

성경에 따르면, 사탄이 이 땅에서 그 야망에 근접하게 되는 때가 잠시 있을 것이다.

> 내가 보니 바다에서 한 짐승이 나오는데 뿔이 열이요 머리가 일곱이라 그 뿔에는 열 왕관이 있고 그 머리들에는 신성모독하는 이름들이 있더라 내가 본 짐승은 표범과 비슷하고 그 발은 곰의 발 같고 그 입은 사

자의 입 같은데 용이 자기의 능력과 보좌와 큰 권세를 그에게 주었더라 계 13:1-2

이 본문은 이 짐승이 인간 통치자임을 밝히지만, 용은 사탄이다. 이제 그 결과를 보자.

용이 짐승에게 권세를 주므로 용에게 경배하며 짐승에게 경배하여 이르되 누가 이 짐승과 같으냐 누가 능히 이와 더불어 싸우리요 하더라 계 13:4

이것이 인간의 역사가 하나님께 대한 거역으로 가는 길이다. 사탄은 나라들과 정치 지도자들로부터 예배를 받으려는 단 하나의 최종 목적을 향해 이 땅에서 일하고 있다. 결국, 사탄은 한 명의 정치 지도자를 찾을 것이며, 그에게 능력을 부여하여 이 사람으로 하여금 예배를 받게 할 것이다. 그리고 그를 통해 자신이 예배를 받을 것이다.

이것 때문에 우리는 한 가지를 아주 분명히 해야 한다. 그것은 바로 "누구를 예배하는가? 누가 나의 하나님인가?"이다. 예수님은 이 질문에 대한 유일한 답을 주셨다.

이에 예수께서 말씀하시되 사탄아 물러가라 기록되었으되 주 너의 하나님께 경배하고 다만 그를 섬기라 하였느니라 마 4:10

당신은 기꺼이 이렇게 말하겠는가? "나는 하나님을 예배하리라!" "나는 하나님만 섬길 것이다!" 이것이 당신이 해야 할 가장 중요한 결심이다. 이것이 당신의 영원한 삶을 결정할 것이다.

Chapter 11

보좌 앞에서의 예배

Chapter 11 보좌 앞에서의 예배

얼마 전에 아내 룻에게 말했다. "우리는 요한계시록을 충분히 읽지 않고 있어요. 이해하기 어려운 책이지만, 그렇다고 읽지 않아도 되는 것은 아니에요." 그래서 우리는 요한계시록을 읽었다. 그런데 아무것도 얻지 못했다. 이어서 두 번째 읽었는데도 아무것도 얻지 못했다. 나는 이렇게 말했다. "이건 분명 하나님의 말씀이에요. 그러니 계속 읽어야 해요."

세 번째 읽었을 때, 무언가가 다가왔다. 그다음부터는 룻이 어떤 성경을 읽을 것인지 물어볼 때마다 나는 요한계시록 4장과 5장이라고 답한다.

요한계시록 4장은 보좌가 있는 천국의 방에 대해 이야기한다. 이곳은 하나님께서 우주를 다스리시는 곳이다. 4장의 핵심 단어는 보좌로, 전체 열한 절 가운데 열네 번이나 등장한다. 이 보좌가 있는 방 안에서는 단 하나의 최고로 특별한 활동인 예배만 드려진다.

네 생물은 각각 여섯 날개를 가졌고 그 안과 주위에는 눈들이 가득하더라 그들이 밤낮 쉬지 않고 이르기를 거룩하다 거룩하다 거룩하다 주 하나님 곧 전능하신 이여 전에도 계셨고 이제도 계시고 장차 오실 이시라 하고 그 생물들이 보좌에 앉으사 세세토록 살아 계시는 이에게 영광과 존귀와 감사를 돌릴 때에 이십사 장로들이 보좌에 앉으신 이 앞에 엎드려 세세토록 살아 계시는 이에게 경배하고 자기의 관을 보좌 앞에 드리며 이르되 계 4:8-10

보좌에 앉으신 분 앞에 엎드리는 것, 이것이 천국에서 예배드리는 방식이다. 나는 교회에서 불렀던 오래된 찬송가를 기억한다. "주 예수 이름 높이어 다 찬양하여라. 금면류관을 드려서 만유의 주 찬양, 금면류관을 드려서 만유의 주 찬양." 나는 사람들이 뻣뻣하게 서서 "천사들아 납작 엎드려라!"(우리말 가사에는 "All hail the power of Jesus' name! Let angels prostrate fall"이 생략되었는데, 직역하면 "능력의 예수님의 이름을 외쳐라. 천사들은 납작 엎드려라!"이다 – 역자 주) 하고 찬송하는 것을 둘러보았다. 대부분은 "글쎄, 천사들은 엎드리는 것이 좋겠지만, 나한테 품위 없는 행동을 요구하진 말아요!"라고 말할 것이다. 그러나 천국에서는 이렇게 한다. 나는 천사들이 천국에서 예배하는 방식대로 예배하는 것에 전적으로 만족한다.

요한계시록에는 주님이 천국 보좌에 책을 들고 앉아 계시는 장면이 묘사되어 있는데, 이것은 요한계시록을 펼쳐 보여 주는 이야기이다. 강한 천사는 큰 소리로 "누가 그 두루마리를 펴며 그 인을 떼기에 합당하냐"(계 5:2)라고 외친다. 누구도 충분히 강하지 못하고, 하늘에 있는 그 누구도 그것을 할 수 없다. 그러자 요한은 그 두루마리에 무엇이 기록되어 있는지 알고 싶어서 운다. 그때 장로 중 하나가 그에게 말한다. "울지 말라 유대 지파의 사자 다윗의 뿌리가 이겼으니 그 두루마리와 그 일곱 인을 떼시리라 하더라"(계 5:5).

요한은 이 사자를 볼 것을 기대하며 돌아보지만, 그의 눈에는 어린 양만 보였다. 그 양은 죽임을 당한 것처럼 보였다. 요한은 다음과 같이 말한다.

> 내가 또 보니 보좌와 네 생물과 장로들 사이에 한 어린 양이 서 있는데 일찍이 죽임을 당한 것 같더라 그에게 일곱 뿔과 일곱 눈이 있으니 이 눈들은 온 땅에 보내심을 받은 하나님의 일곱 영이더라 그 어린 양이 나아와서 보좌에 앉으신 이의 오른손에서 두루마리를 취하시니라 계 5:6-7

이어지는 말씀은 온 천국이 예배에 동참하는 모습을 영감 넘치게 묘사하고 있다.

> 그 두루마리를 취하시매 네 생물과 이십사 장로들이 그 어린 양 앞에 엎드려 각각 거문고와 향이 가득한 금 대접을 가졌으니 이 향은 성도의 기도들이라 그들이 새 노래를 불러 이르되 두루마리를 가지시고 그 인봉을 떼기에 합당하시도다 일찍이 죽임을 당하사 각 족속과 방언과 백성과 나라 가운데에서 사람들을 피로 사서 하나님께 드리시고 그들로 우리 하나님 앞에서 나라와 제사장들을 삼으셨으니 그들이 땅에서

왕 노릇 하리로다 하더라 계 5:8-10

장로들이 무엇을 하는지 보라. 그들은 엎드렸다. 그리고 우리의 기도가 하나님의 임재 앞에 어떻게 올라가는지 보라. 향이 가득한 금대접에 담겨서 올라간다. 향은 무엇을 나타내는가? 바로 예배다! 네 생물과 이십사 장로들은 엎드려 예수님을 통해 위대한 구속의 역사를 행하신 하나님을 찬양한다. 그리고 요한은 다음과 같이 말한다.

내가 또 보고 들으매 보좌와 생물들과 장로들을 둘러 선 많은 천사의 음성이 있으니 그 수가 만만이요 천천이라 계 5:11

여기서 만만은 1억이다. 그다음에 수백만이 더 있다. 천사 한 명이 앗시리아 군인 185,000명을 멸하였는데(왕하 19:35), 무엇을 염려하겠는가?

큰 음성으로 이르되 죽임을 당하신 어린 양은 능력과 부와 지혜와 힘과 존귀와 영광과 찬송을 받으시기에 합당하도다 하더라 내가 또 들으니 하늘 위에와 땅 위에와 땅 아래와 바다 위에와 또 그 가운데 모든 피조물이 이르되 보좌에 앉으신 이와 어린 양에게 찬송과 존귀와 영광과 권능을 세세토록 돌릴지어다 하니 계 5:12-13

우주 끝에 이르기까지 모든 피조물이 단 한 가지에 동참하고 있다. 바로 하나님을 예배하는 것이다. 그다음을 보라.

네 생물이 이르되 아멘 하고 장로들은 엎드려 경배하더라 계 5:14

영원히 사시는 하나님께 엎드려 예배하는 광경, 얼마나 영감 넘치는 모습인가! 우주의 중심은 보좌이며, 예배는 우주의 끝까지 지속적으로 확장되어 나간다. 모든 피조물이 단 한 가지를 하는데, 그것이 바로 예배이다. 누가 중심에 계시는가? 어린 양이다. 그날은 얼마나 영광스럽겠는가!

ENTERING THE PRESENCE OF GOD

보좌에 앉으신 분 앞에 엎드리는 것, 이것이 천국에서 예배드리는 방식이다.

순전한나드 도서목록

번호	도서명	저자	가격
1	존 비비어의 승리〈개정판〉	존 비비어	12,000
2	교회를 뒤흔드는 악령을 대적하라	프랜시스 프랜지팬	5,000
3	교회를 어지럽히는 험담의 악령을 추방하라	프랜시스 프랜지팬	5,000
4	그리스도인의 삶의 비결〈개정판〉	진 에드워드	9,000
5	존 비비어의 친밀감〈개정판〉	존 비비어	14,000
6	내어드림〈개정판〉	프랑소와 페늘롱	7,000
7	존 비비어의 축복의 통로〈개정판〉	존 비비어	8,000
8	부서트리고 무너트리는 기름부으심	바바라 J. 요더	8,000
9	사도적 사역	릭 조이너	12,000
10	사사기	잔느 귀용	7,000
11	상한 마음을 치유하는 기도	마크 & 패티 버클러	15,000
12	상한 영의 치유1	존 & 폴라 샌드포드	17,000
13	상한 영의 치유2	존 & 폴라 샌드포드	12,000
14	여정의 시작	릭 조이너	13,000
15	영광스러운 교회에 보내는 메시지 1	릭 조이너	10,000
16	영분별〈개정판〉	프랜시스 프랜지팬	4,000
17	영적 전투의 세 영역〈개정판〉	프랜시스 프랜지팬	11,000
18	예레미야	잔느 귀용	6,000
19	예수 그리스도와의 친밀함	잔느 귀용	7,000
20	예수님을 닮은 삶의 능력〈개정판〉	프랜시스 프랜지팬	12,000
21	예수님을 향한 열정〈개정판〉	마이크 비클	12,000
22	잔느 귀용의 요한계시록〈개정판〉	잔느 귀용	13,000
23	인간의 7가지 갈망하는 마음	마이크 비클 & 데보라 히버트	11,000
24	저주에서 축복으로	데릭 프린스	6,000
25	주님, 내 마음을 열어 주소서	캐티 오츠 & 로버트 폴 램	9,000
26	지구상에서 가장 강력한 기도	피터 호로빈	7,500
27	축사사역과 내적치유의 이해 가이드	존 & 마크 샌드포드	20,000
28	출애굽기	잔느 귀용	10,000
29	하나님과 사람에게 더욱 사랑스러운 자	듀안 벤더 클럭	10,000
30	하나님과의 연합	잔느 귀용	7,000
31	하나님을 연인으로 사랑하는 즐거움	마이크 비클	13,000
32	하나님 마음에 합한 사람	마이크 비클	13,000
33	하나님의 아름다움을 바라보는 축복	허 철	10,000
34	하나님의 요새〈개정판〉	프랜시스 프랜지팬	9,000
35	하나님의 장군의 일기〈개정판〉	잔 G. 레이크	6,000
36	항상 배가하는 믿음〈개정판〉	스미스 위글스워스	13,000
37	항상 부족함이 없으리로다	롤랜드 & 하이디 베이커	8,000

번호	도서명	저자	가격
38	혼동으로부터의 자유	릭 조이너	5,000
39	혼의 묶임을 파쇄하라	빌 & 수 뱅크스	10,000
40	존 비비어의 회개〈개정판〉	존 비비어	11,000
41	금식이 주는 축복	마이크 비클 & 다나 캔들러	12,000
42	부활	벤 R. 피터스	8,000
43	거절의 상처를 치유하시는 하나님	데릭 프린스	6,000
44	존 비비어의 분별력〈개정판〉	존 비비어	13,000
45	통제 불능의 상황에서도 난 즐겁기만 하다	리사 비비어	12,000
46	어린이와 십대를 위한 축사사역	빌 뱅크스	11,000
47	빛은 어둠 속에 있다	패트리샤 킹	10,000
48	목적으로 나아가는 길	드보라 조이너 존슨	8,000
49	지도자의 넘어짐과 회복	웨이드 굿데일	12,000
50	하나님의 일곱 영	키이스 밀러	13,000
51	너희 지체를 의의 병기로 하나님께 드리라	허 철	8,000
52	세계를 변화시키는 능력	릭 조이너	12,000
53	왕의 자녀의 초자연적인 삶	빌 존슨 & 크리스 밸러턴	13,000
54	믿음으로 산 증인들	허 철	12,000
55	욥기	잔느 귀용	13,000
56	나라를 변화시킨 비전: 윌리엄 테넌트의 영적인 유산	존 한센	8,000
57	세상을 다스리는 권세의 회복	레베카 그린우드	10,000
58	창세기 주석	잔느 귀용	12,000
59	하나님의 강	더치 쉬츠	13,000
60	당신의 운명을 장악하라	알렌 키란	13,000
61	자살	로렌 타운젠드	10,000
62	그리스도인의 영적혁명	패트리샤 킹	11,000
63	초자연적 중보기도	레이첼 힉스	13,000
64	나는 하나님의 음성을 듣는다	킴 클레멘트	11,000
65	하나님의 초자연적인 능력	바비 코너	11,000
66	사랑하는 하나님	마이크 비클	15,000
67	일곱 교회 이기는 자에게 주시는 축복	허 철	9,000
68	일터에 영광이 회복되다	리차드 플레밍	12,000
69	초자연적 경험의 신비	짐 골 & 줄리아 로렌	13,000
70	웃겨야 살아난다	피터 와그너	8,000
71	폭풍의 전사	마헤쉬 & 보니 차브다	13,000
72	천국 보좌로부터 온 전략	샌디 프리드	11,000
73	영향력	윌리엄 L. 포드 3세	11,000
74	속죄	데릭 프린스	13,000

순전한나드 도서목록

번호	도서명	저자	가격
75	신의 성품에 참예하는 자	허 철	8,000
76	예언, 꿈, 그리고 전도	덕 애디슨	13,000
77	아가페, 사랑의 길	밥 멈포드	13,000
78	불타오르는 사랑	스티브 해리슨	12,000
79	능력, 성결, 그리고 전도	랜디 클락	13,000
80	종교의 영	토미 펨라이트	11,000
81	예기치 못한 사랑	스티브 J. 힐	10,000
82	모르드개의 통곡	로버트 스턴스	13,500
83	1세기 교회사	릭 조이너	12,000
84	예수님의 얼굴〈개정판〉	데이비드 E. 테일러	13,000
85	토기장이 하나님	마크 핸비	8,000
86	존중의 문화〈개정판〉	대니 실크	13,000
87	제발 좀 성장하라!	데이비드 레이븐힐	11,000
88	정치의 영	파이살 말릭	12,000
89	이기는 자의 기름부으심	바바라 J. 요더	12,000
90	치유 사역 훈련 지침서	랜디 클락	12,000
91	헤븐	데이비드 E. 테일러	13,000
92	더 크라이	키스 허드슨	11,000
93	천국 여행	리타 베넷	14,000
94	파수 기도의 숨은 능력	마헤쉬 & 보니 차브다	13,000
95	지저스 컬처	배닝 립스터	12,000
96	넘치는 기름 부음	허 철	10,000
97	거룩한 대면	그래함 쿡	23,000
98	믿음을 넘어선 기적	데이브 헤스	10,000
99	영적 전쟁의 일곱 영	제임스 A. 더함	13,000
100	영적 전쟁의 승리	제임스 A. 더함	13,000
101	기적의 방을 만들라	마헤쉬 & 보니 차브다	12,000
102	개인적 예언자	미키 로빈슨	13,000
103	어둠의 영을 축사하라	짐 골	13,000
104	적그리스도의 영을 정복하라	샌디 프리드	13,000
105	성령님 알기	마헤쉬 & 보니 차브다	12,000
106	십자가의 권능	마헤쉬 & 보니 차브다	13,000
107	축복의 능력	케리 커크우드	13,000
108	하나님의 호흡	래리 랜돌프	11,000
109	아름다운 상처	룩 홀터	11,000
110	하나님의 길	덕 애디슨	13,000
111	천국 체험	주디 프랭클린 & 베니 존슨	12,000

번호	도서명	저자	가격
112	당신의 사명을 깨우라	M. K. 코미	11,000
113	기독교의 유혹	질 섀넌	25,000
114	우리가 몰랐던 천국의 자녀양육법	대니 실크	12,000
115	임재의 능력	매트 소거	12,000
116	예수의 책	마이클 코울리아노스	13,000
117	신앙의 기초 세우기	래리 크레이더	13,000
118	내 인생을 바꿔 줄 최고의 여행	제이 스튜어트	12,000
119	시간 & 영원	조슈아 밀즈	10,000
120	하이디 베이커의 사랑	하이디 & 롤랜드 베이커	13,000
121	하나님의 임재	빌 존슨	13,000
122	하나님의 갈망	제임스 A. 더함	14,000
123	형통의 문을 여는 31가지 선포기도	케빈 & 캐티 바스코니	5,000
124	춤추는 하나님의 손	제임스 말로니	37,000
125	참소자를 잠잠케 하라	샌디 프리드	13,000
126	영광이란 무엇인가?	폴 맨워링	14,000
127	내일의 기름부음	R. T. 켄달	13,000
128	영적 전투를 위한 전신갑주	크리스 밸러턴	12,000
129	성령을 소멸치 않는 삶	R. T. 켄달	13,000
130	초자연적인 삶	아담 F. 톰슨	10,000
131	한계를 돌파하라	샌디 프리드	13,000
132	블러드문	마크 빌츠	11,000
133	구약에서 일어난 모든 일들	윌리엄 H. 마티	13,000
134	신약에서 일어난 모든 일들	윌리엄 H. 마티	11,000
135	드보라 군대	제인 해몬	14,000
136	거룩한 불	R. T. 켄달	13,000
137	당신의 자녀를 향한 하나님의 65가지 약속	마이크 슈리브	8,000
138	무슬림 소녀, 예수님을 만나다	사마 하비브 & 보디 타이니	13,000
139	스미스 위글스워스의 병 고침(개정판)	스미스 위글스워스	12,000
140	뇌의 스위치를 켜라	캐롤라인 리프	13,000
141	약속된 시간	제임스 A. 더함	13,000
142	실패를 딛고 일어서는 믿음	샌디 프리드	12,000
143	스미스 위글스워스의 성령의 은사(개정판)	스미스 위글스워스	13,000
144	끝날 때까지 끝난 것이 아니다	R. T. 켄달	15,000
145	완전한 기억	마이클 A. 댄포스	10,000
146	금촛대 중보자들 1	제임스 말로니	15,000
147	마지막 때와 이슬람	조엘 리차드슨	15,000
148	질투	R. T. 켄달	14,000

순전한나드 도서목록

번호	도서명	저자	가격
149	사탄의 전략	페리 스톤	14,000
150	죽음에서 생명으로	라인하르트 본케	12,000
151	금촛대 중보자들 2	제임스 말로니	13,000
152	금촛대 중보자들 3	제임스 말로니	13,000
153	올바른 생각의 힘	케리 커크우드	12,000
154	부흥의 거장들	빌 존슨 & 제니퍼 미스코브	25,000
155	악의 삼겹줄을 파쇄하라〈개정판〉	샌디 프리드	12,000
156	지옥의 실체와 하나님의 열쇠	메리 캐서린 백스터	12,000
157	문지기들이여 일어나라	제임스 A. 더함	15,000
158	안식년의 비밀	조나단 칸	15,000
159	교회를 깨우는 한밤의 외침	R. T. 켄달	15,000
160	하나님의 시간표	마크 빌츠	12,000
161	사랑의 통역사	샨 볼츠	12,000
162	예루살렘의 평화를 위해 기도하라	탐 헤스	13,000
163	마이크 비클의 기도	마이크 비클	25,000
164	유대적 관점으로 본 룻기	다이앤 A. 맥닐	13,000
165	폭풍을 향해 노래하라	디모데 D. 존슨	13,000
166	영광의 세대	브루스 D. 알렌	15,000
167	영적 분위기를 바꾸라	다우나 드 실바	12,000
168	하나님을 홀로 두지 말라	행크 쿠네만	14,000
169	하나님이 디자인하신 완전한 나	캐롤라인 리프	20,000
170	대적의 문을 취하라〈개정증보판〉	신디 제이콥스	15,000
171	R. T. 켄달의 임재	R. T. 켄달	13,000
172	영성가의 기도	찰리 샴프	10,000
173	과거로부터의 자유〈개정판〉	존 로렌 & 폴라 샌드포드	14,000
174	하나님의 불	제임스 A. 더함	15,000
175	일상에 임한 하나님의 영광	브루스 D. 알렌	14,000
176	일곱 산에 관한 예언〈개정판〉	조니 엔로우	15,000
177	마지막 시대 마지막 주자	타드 스미스	13,000
178	주의 선하신 치유 능력	크리스 고어	13,000
179	건강한 생활 핸드북	로라 해리스 스미스	15,000
180	더 높은 부르심	제임스 말로니	12,000
181	레위기, 민수기, 신명기〈개정판〉	잔느 귀용	14,000
182	당신도 예언할 수 있다〈개정판〉	스티브 탐슨	14,000
183	생각하고 배우고 성공하라	캐롤라인 리프	15,000
184	기적을 풀어내는 예언적 파노라마	제임스 말로니	13,000
185	케빈 제다이의 초자연적 재정	케빈 제다이	14,000

번호	도서명	저자	가격
186	적그리스도와 마지막 때 분별하기	마크 빌츠	13,000
187	마음을 견고히 하라	빌 존슨	9,000
188	천국으로부터 받아 누리기	케빈 제다이	13,000
189	모든 것이 당신에게 유리하게 되어 있다	케빈 제다이	15,000
190	징조II	조나단 칸	18,000
191	데릭 프린스의 교만과 겸손	데릭 프린스	10,000
192	유다의 사자	랍비 커트 A. 슈나이더	15,000
193	십자가의 왕도〈개정판〉	프랑소와 페늘롱	9,000
194	원뉴맨성경 신약	윌리엄 J. 모포드	50,000
195	하나님의 임재 안으로 들어가기	데릭 프린스	11,000

ENTERING THE PRESENCE OF GOD
Moving beyond Praise and Thanksgiving to True Worship
by Derek Prince

Copyright © 2007 by Derek Prince Minitries-International

Published by Derek Prince Ministries
PO Box 2029, Christchurch 8140, New Zealand
admin@dpm.co.nz

Korean Translation Copyright © 2021 by Pure Nard
2F 16, Eonju-ro 69-gil Gangnam-gu, Seoul, Korea

The Korean edition is published by arrangement with Derek Prince Ministries.
All rights reserved.

본 저작물의 한국어판 저작권은 Derek Prince Ministries와의 독점 계약으로 '순전한 나드'가 소유합니다.
저작권자의 허락 없이 이 책의 일부 또는 전체를 무단 복제, 전재, 발췌하면 저작권법에 의해 처벌을 받습니다.

하나님의 임재 안으로 들어가기

초판 발행 | 2022년 4월 22일

지 은 이 | 데릭 프린스
옮 긴 이 | 황의정

펴 낸 이 | 허철
책임편집 | 김혜진
디 자 인 | 이보다나
총 괄 | 허현숙
인 쇄 소 | 예원프린팅

펴 낸 곳 | 도서출판 순전한 나드
등록번호 | 제2010-000128
주   소 | 서울특별시 강남구 연주로69길 16, (역삼동) 2층
도서문의 | 02) 574-6702
팩   스 | 02) 574-9704
홈페이지 | www.purenard.co.kr

ISBN 978-89-6237-373-8 03230